Spanish < > English
Word Puzzles

The Fun Way to Increase, Practice, and Enhance
Your Spanish Vocabulary

By: Cesar Torreblanca

Other Publications by the Author:

All books published by César have one common goal: To help anyone who is learning Spanish! Whether you are a beginner or at the point of fluency, you are sure to benefit from their content!

"Learn Spanish *Vocabulary* – Crossword Puzzles"
A **4-Volume series** to help students learn, practice and expand their Spanish **vocabulary**. A great addition to your Spanish reference toolbox.

"Learn Spanish Verbs – Crossword Puzzles"
This series also consists of **four Volumes**. Each with 50 crossword puzzles that will engage students in conjugating over 200 hundred **common verbs**. It deals with the basic verb forms (the ones you will need to get around!)

"Práctica... Práctica... Práctica...!"
These workbooks are a comprehensive collection of practice exercises. Vol. 1 for **Beginners**, Vol. 2 for **Intermediate**, an additional book for **ALL levels**.
Also, a fourth book: a handy **Phrasebook** with a corresponding audiobook and e-book.

"Organize Your Work and Learn Smarter"
These journals will help you keep all your learning notes in one spot! New words, verb conjugations, expressions, etc. The 'Compact Edition' (9x6 in.) is small in size so you can take it with you everywhere. The 'Expanded Edition' (10x8 in.) is larger and offers a little more content.

"The Mega Book of Word Puzzles"
Crosswords, Find-A-Word, Jumbled Words & Letter Drop.
100+ pages of fun and educational material! All to help you practice your Spanish. Answers to all puzzles at the end of the book.

Introduction

Muchas gracias for purchasing this book...!

A note about the content: It's a well-known fact that word puzzles are great tools to help anyone who is learning a new language. Memorizing words is no longer a tedious task but instead, it becomes seamless and fun.

Inside this workbook you will be challenged to solve Crosswords, Find-A-Word, Jumbled Words and Letter-Drop puzzles. Some will be fairly easy, some, a little challenging.

Have fun and enjoy yourself.

*Please, drop me a line if you have any comments or suggestions for future publications. This is what sets my workbooks apart from all others: **You can communicate directly with me, the author!** If you have purchased the book from Amazon, **a rating and a comment would be immensely appreciated**! This is the best way for me to continue to produce top quality resources.*

I have nothing but best wishes of success on your Spanish learning journey.

¡Buena suerte!

C. E. Torreblanca
cesar@torreblanca.ca
www.torreblanca.ca

Crossword Puzzles

Perhaps one of the best known word puzzles! You will be amazed at how quickly you will increase your Spanish Vocabulary solving the following crossword puzzles...!

You will find Across (Horizontal) and Down (Vertical) clues in English and/or Spanish. On the grid, enter the Spanish word for the English term shown as a clue and viceversa.

Keep in mind that one word may have different meanings. Write down the one that fits.

You may also notice that some words are in more than one puzzle. This is done for you to 're-visit' the words and thus, memorize them more easily. Repetition is a great and seamless way to remember words!

Crossword #1

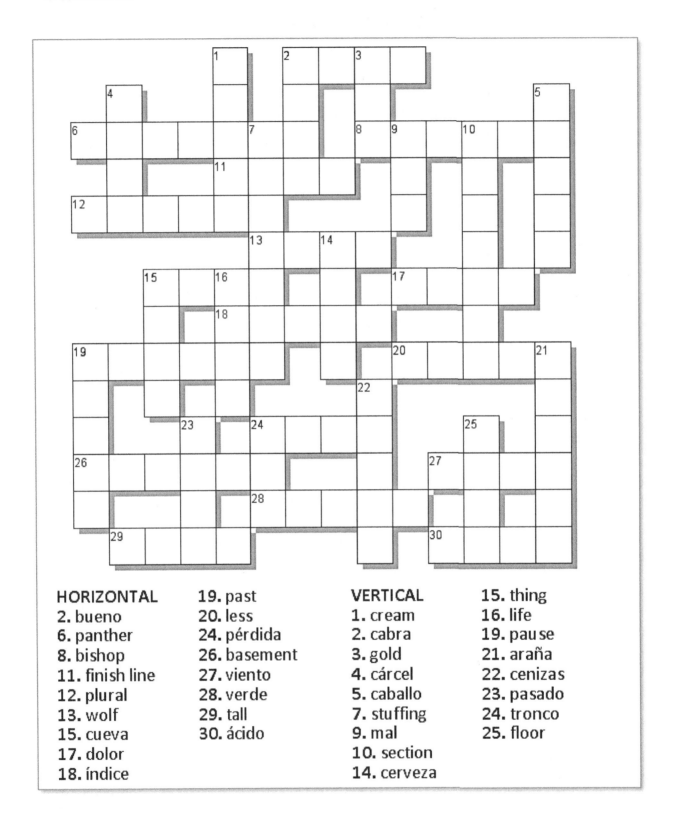

HORIZONTAL
2. bueno
6. panther
8. bishop
11. finish line
12. plural
13. wolf
15. cueva
17. dolor
18. índice
19. past
20. less
24. pérdida
26. basement
27. viento
28. verde
29. tall
30. ácido

VERTICAL
1. cream
2. cabra
3. gold
4. cárcel
5. caballo
7. stuffing
9. mal
10. section
14. cerveza
15. thing
16. life
19. pause
21. araña
22. cenizas
23. pasado
24. tronco
25. floor

Crossword #2

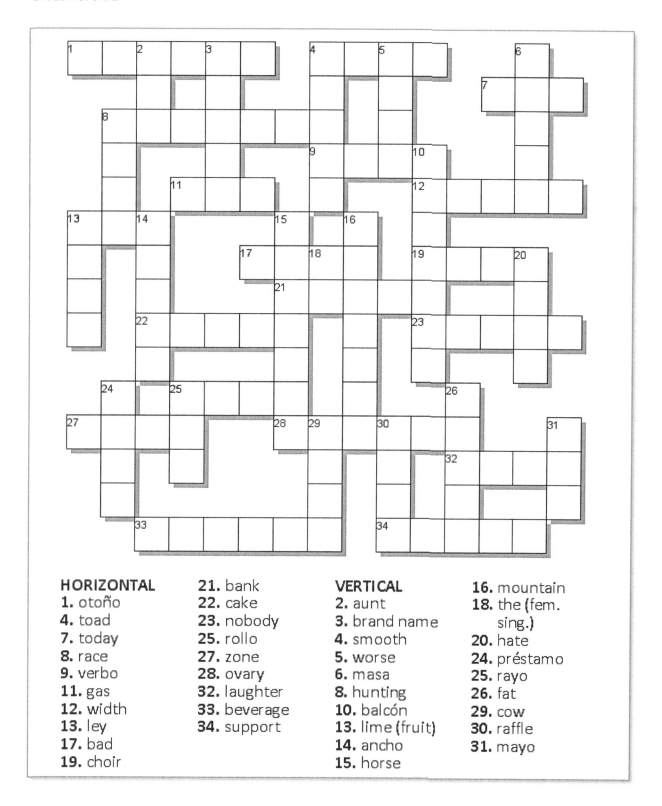

HORIZONTAL
1. otoño
4. toad
7. today
8. race
9. verbo
11. gas
12. width
13. ley
17. bad
19. choir
21. bank
22. cake
23. nobody
25. rollo
27. zone
28. ovary
32. laughter
33. beverage
34. support

VERTICAL
2. aunt
3. brand name
4. smooth
5. worse
6. masa
8. hunting
10. balcón
13. lime (fruit)
14. ancho
15. horse
16. mountain
18. the (fem. sing.)
20. hate
24. préstamo
25. rayo
26. fat
29. cow
30. raffle
31. mayo

Crossword #3

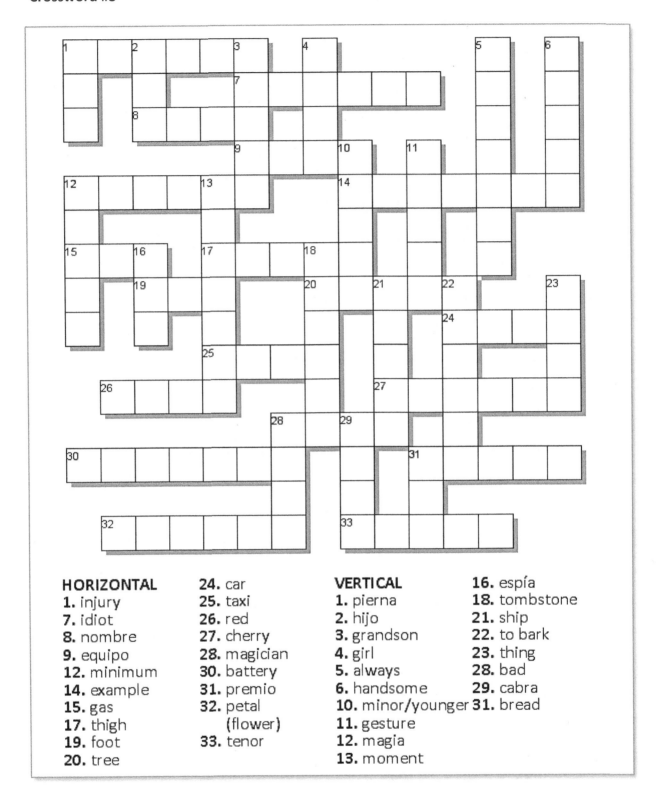

HORIZONTAL
1. injury
7. idiot
8. nombre
9. equipo
12. minimum
14. example
15. gas
17. thigh
19. foot
20. tree
24. car
25. taxi
26. red
27. cherry
28. magician
30. battery
31. premio
32. petal (flower)
33. tenor

VERTICAL
1. pierna
2. hijo
3. grandson
4. girl
5. always
6. handsome
10. minor/younger
11. gesture
12. magia
13. moment
16. espía
18. tombstone
21. ship
22. to bark
23. thing
28. bad
29. cabra
31. bread

Crossword #4

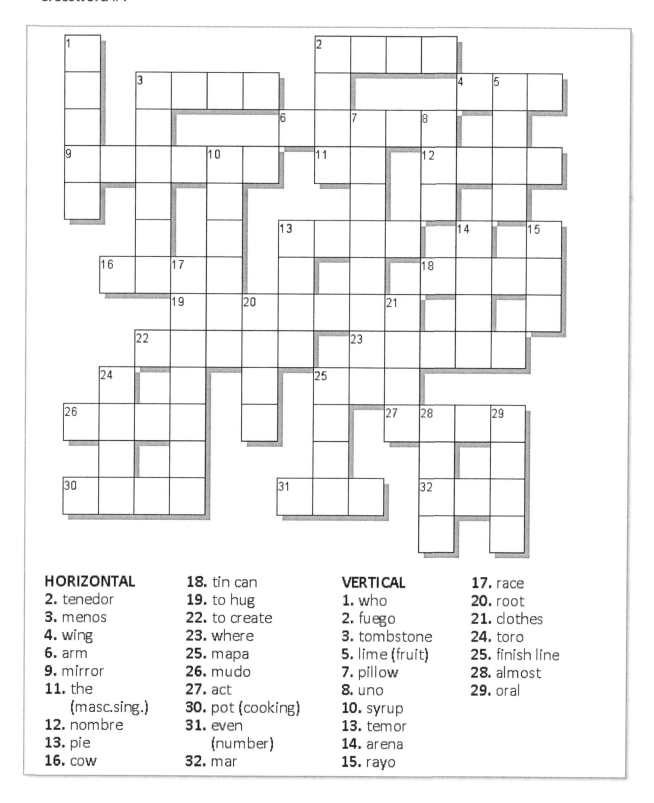

HORIZONTAL

2. tenedor
3. menos
4. wing
6. arm
9. mirror
11. the
     (masc.sing.)
12. nombre
13. pie
16. cow
18. tin can
19. to hug
22. to create
23. where
25. mapa
26. mudo
27. act
30. pot (cooking)
31. even
     (number)
32. mar

VERTICAL

1. who
2. fuego
3. tombstone
5. lime (fruit)
7. pillow
8. uno
10. syrup
13. temor
14. arena
15. rayo
17. race
20. root
21. clothes
24. toro
25. finish line
28. almost
29. oral

Crossword #5

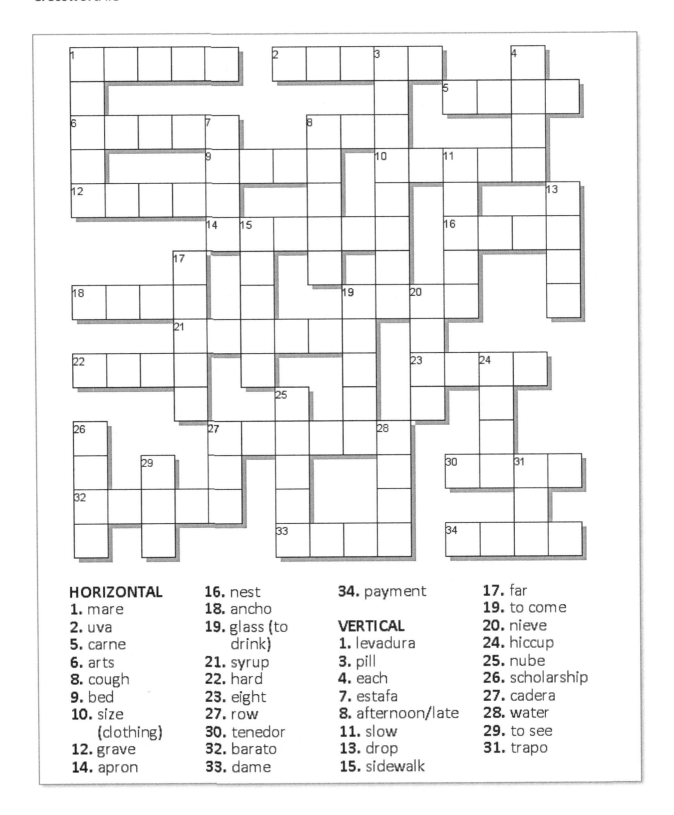

HORIZONTAL
1. mare
2. uva
5. carne
6. arts
8. cough
9. bed
10. size (clothing)
12. grave
14. apron

16. nest
18. ancho
19. glass (to drink)
21. syrup
22. hard
23. eight
27. row
30. tenedor
32. barato
33. dame

34. payment

VERTICAL
1. levadura
3. pill
4. each
7. estafa
8. afternoon/late
11. slow
13. drop
15. sidewalk

17. far
19. to come
20. nieve
24. hiccup
25. nube
26. scholarship
27. cadera
28. water
29. to see
31. trapo

Crossword #6

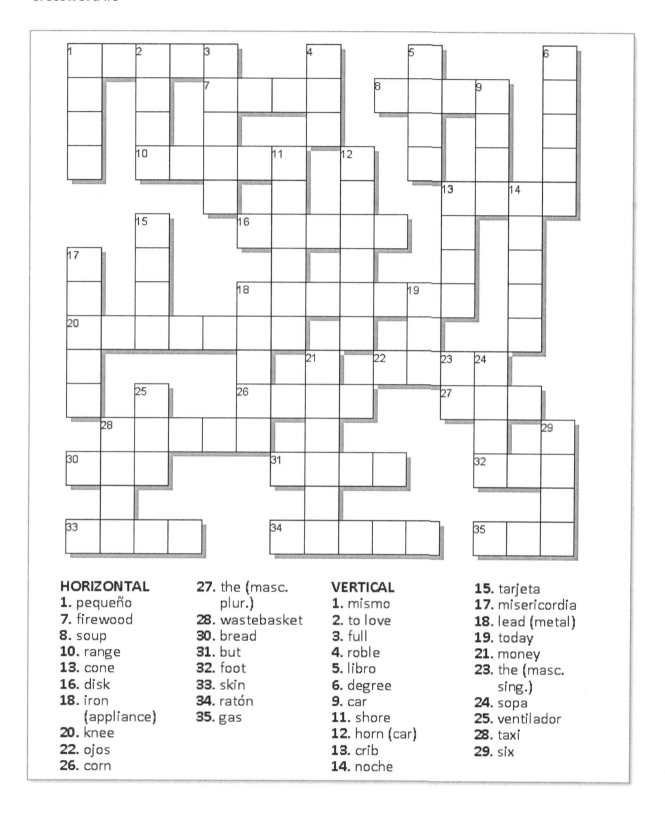

HORIZONTAL
1. pequeño
7. firewood
8. soup
10. range
13. cone
16. disk
18. iron (appliance)
20. knee
22. ojos
26. corn
27. the (masc. plur.)
28. wastebasket
30. bread
31. but
32. foot
33. skin
34. ratón
35. gas

VERTICAL
1. mismo
2. to love
3. full
4. roble
5. libro
6. degree
9. car
11. shore
12. horn (car)
13. crib
14. noche
15. tarjeta
17. misericordia
18. lead (metal)
19. today
21. money
23. the (masc. sing.)
24. sopa
25. ventilador
28. taxi
29. six

Crossword #7

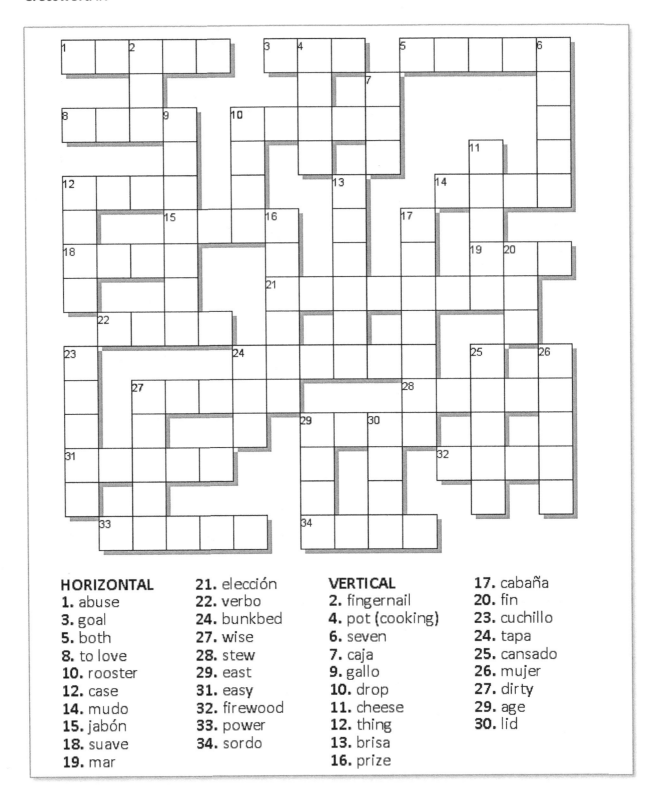

HORIZONTAL
1. abuse
3. goal
5. both
8. to love
10. rooster
12. case
14. mudo
15. jabón
18. suave
19. mar

21. elección
22. verbo
24. bunkbed
27. wise
28. stew
29. east
31. easy
32. firewood
33. power
34. sordo

VERTICAL
2. fingernail
4. pot (cooking)
6. seven
7. caja
9. gallo
10. drop
11. cheese
12. thing
13. brisa
16. prize

17. cabaña
20. fin
23. cuchillo
24. tapa
25. cansado
26. mujer
27. dirty
29. age
30. lid

Crossword #8

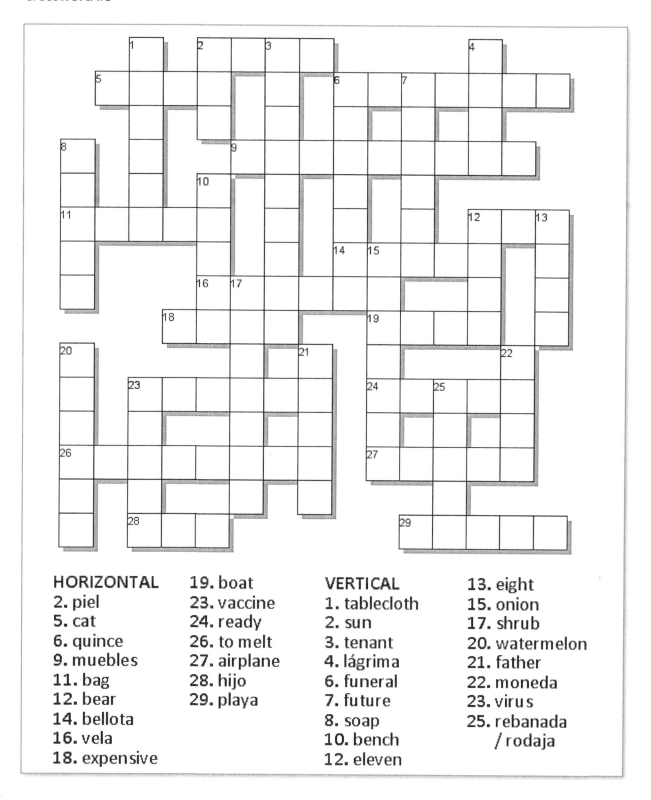

HORIZONTAL

2. piel
5. cat
6. quince
9. muebles
11. bag
12. bear
14. bellota
16. vela
18. expensive
19. boat
23. vaccine
24. ready
26. to melt
27. airplane
28. hijo
29. playa

VERTICAL

1. tablecloth
2. sun
3. tenant
4. lágrima
6. funeral
7. future
8. soap
10. bench
12. eleven
13. eight
15. onion
17. shrub
20. watermelon
21. father
22. moneda
23. virus
25. rebanada / rodaja

Crossword #9

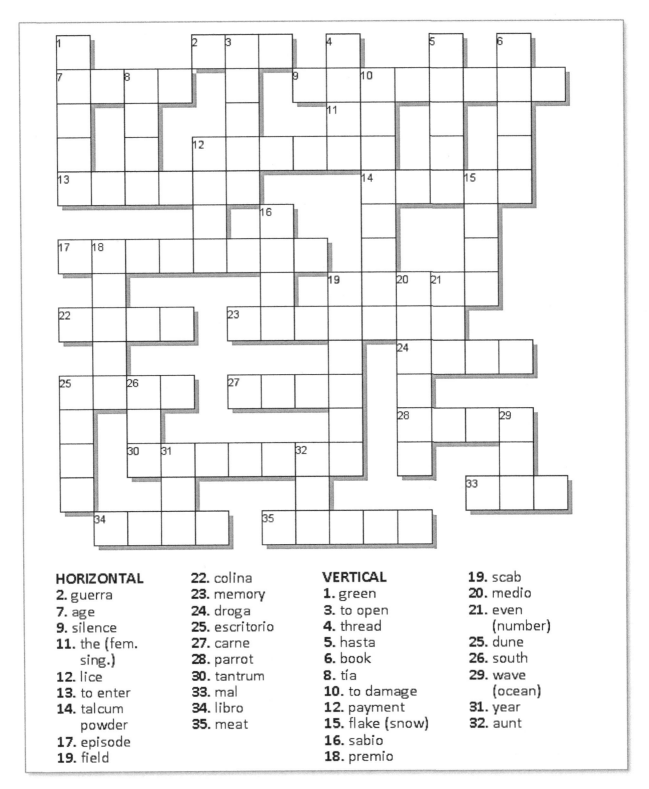

HORIZONTAL
2. guerra
7. age
9. silence
11. the (fem. sing.)
12. lice
13. to enter
14. talcum powder
17. episode
19. field
22. colina
23. memory
24. droga
25. escritorio
27. carne
28. parrot
30. tantrum
33. mal
34. libro
35. meat

VERTICAL
1. green
3. to open
4. thread
5. hasta
6. book
8. tía
10. to damage
12. payment
15. flake (snow)
16. sabio
18. premio
19. scab
20. medio
21. even (number)
25. dune
26. south
29. wave (ocean)
31. year
32. aunt

Crossword #10

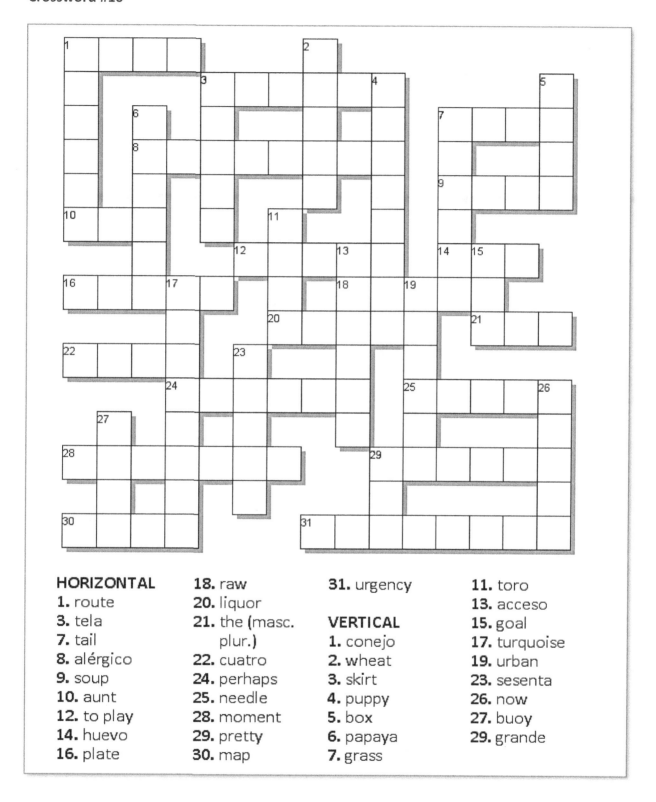

HORIZONTAL
1. route
3. tela
7. tail
8. alérgico
9. soup
10. aunt
12. to play
14. huevo
16. plate
18. raw
20. liquor
21. the (masc. plur.)
22. cuatro
24. perhaps
25. needle
28. moment
29. pretty
30. map
31. urgency

VERTICAL
1. conejo
2. wheat
3. skirt
4. puppy
5. box
6. papaya
7. grass
11. toro
13. acceso
15. goal
17. turquoise
19. urban
23. sesenta
26. now
27. buoy
29. grande

Crossword #11

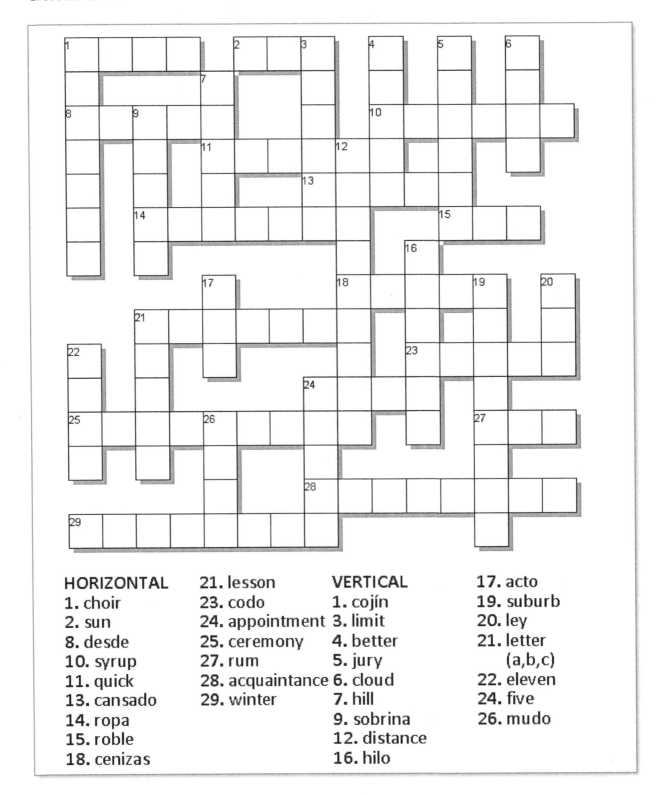

HORIZONTAL
1. choir
2. sun
8. desde
10. syrup
11. quick
13. cansado
14. ropa
15. roble
18. cenizas
21. lesson
23. codo
24. appointment
25. ceremony
27. rum
28. acquaintance
29. winter

VERTICAL
1. cojín
3. limit
4. better
5. jury
6. cloud
7. hill
9. sobrina
12. distance
16. hilo
17. acto
19. suburb
20. ley
21. letter (a,b,c)
22. eleven
24. five
26. mudo

Crossword #12

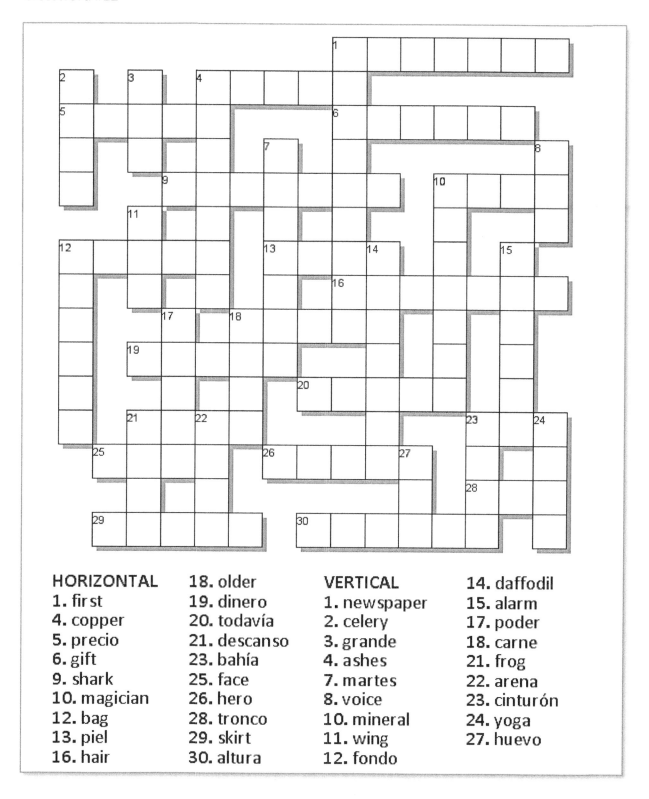

HORIZONTAL
1. first
4. copper
5. precio
6. gift
9. shark
10. magician
12. bag
13. piel
16. hair

18. older
19. dinero
20. todavía
21. descanso
23. bahía
25. face
26. hero
28. tronco
29. skirt
30. altura

VERTICAL
1. newspaper
2. celery
3. grande
4. ashes
7. martes
8. voice
10. mineral
11. wing
12. fondo

14. daffodil
15. alarm
17. poder
18. carne
21. frog
22. arena
23. cinturón
24. yoga
27. huevo

Crossword #13

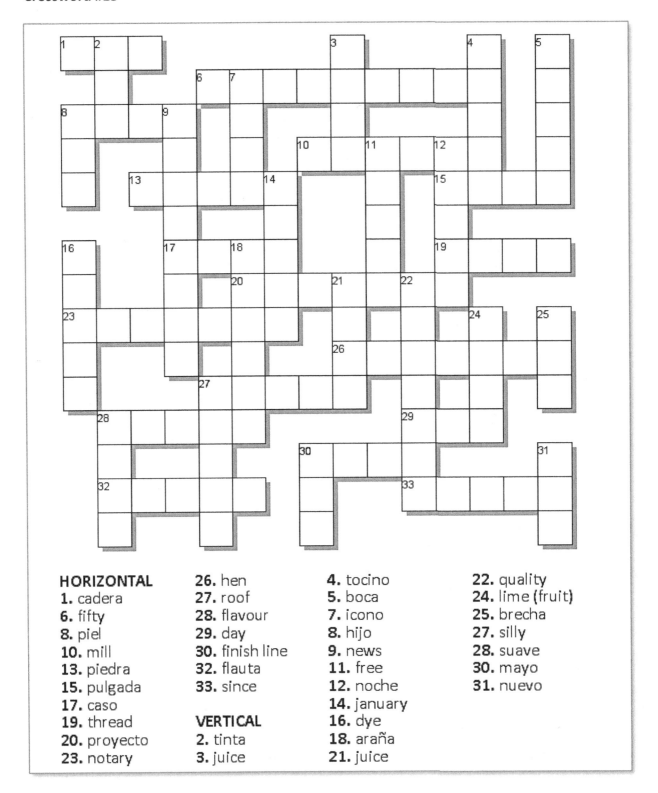

HORIZONTAL
1. cadera
6. fifty
8. piel
10. mill
13. piedra
15. pulgada
17. caso
19. thread
20. proyecto
23. notary

26. hen
27. roof
28. flavour
29. day
30. finish line
32. flauta
33. since

VERTICAL
2. tinta
3. juice

4. tocino
5. boca
7. icono
8. hijo
9. news
11. free
12. noche
14. january
16. dye
18. araña
21. juice

22. quality
24. lime (fruit)
25. brecha
27. silly
28. suave
30. mayo
31. nuevo

Crossword #14

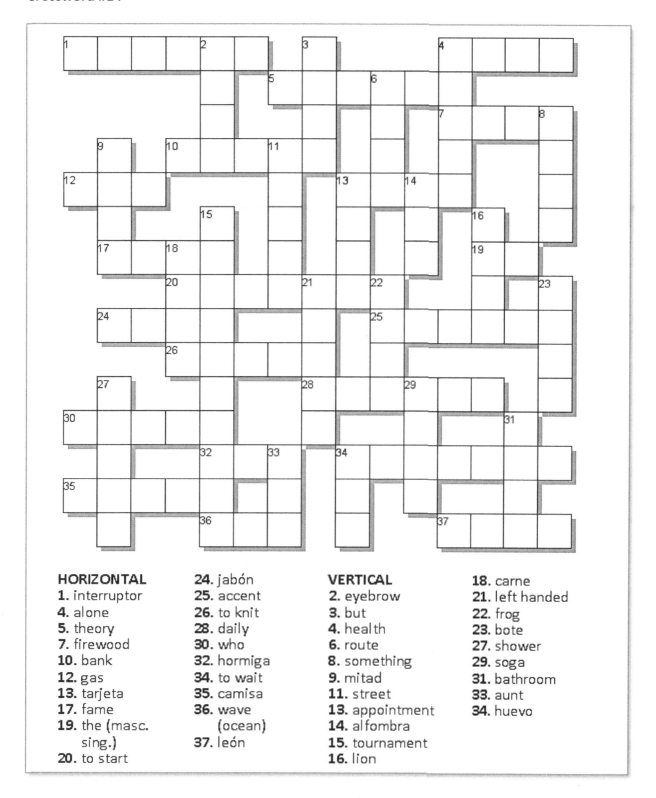

HORIZONTAL
1. interruptor
4. alone
5. theory
7. firewood
10. bank
12. gas
13. tarjeta
17. fame
19. the (masc. sing.)
20. to start
24. jabón
25. accent
26. to knit
28. daily
30. who
32. hormiga
34. to wait
35. camisa
36. wave (ocean)
37. león

VERTICAL
2. eyebrow
3. but
4. health
6. route
8. something
9. mitad
11. street
13. appointment
14. alfombra
15. tournament
16. lion
18. carne
21. left handed
22. frog
23. bote
27. shower
29. soga
31. bathroom
33. aunt
34. huevo

Crossword #15

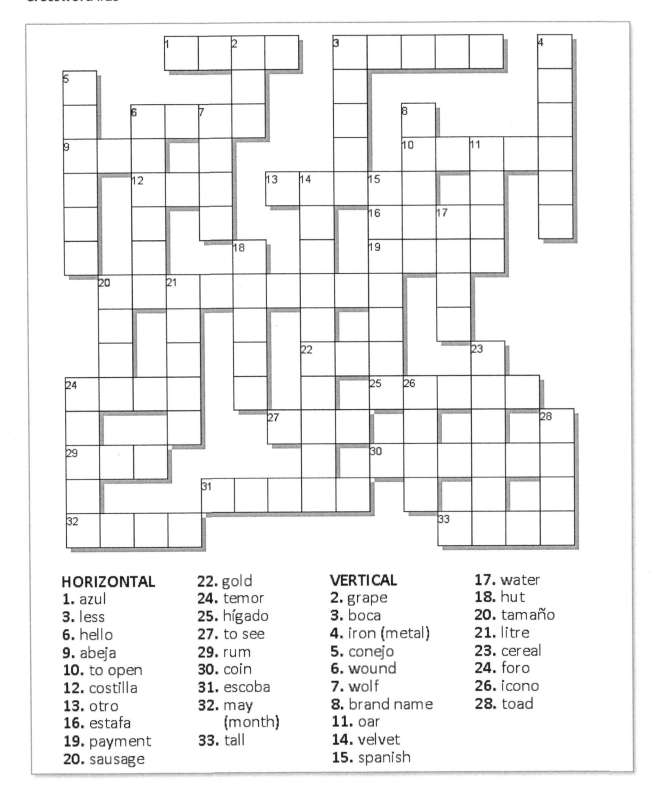

HORIZONTAL
1. azul
3. less
6. hello
9. abeja
10. to open
12. costilla
13. otro
16. estafa
19. payment
20. sausage
22. gold
24. temor
25. hígado
27. to see
29. rum
30. coin
31. escoba
32. may (month)
33. tall

VERTICAL
2. grape
3. boca
4. iron (metal)
5. conejo
6. wound
7. wolf
8. brand name
11. oar
14. velvet
15. spanish
17. water
18. hut
20. tamaño
21. litre
23. cereal
24. foro
26. icono
28. toad

Crossword #16

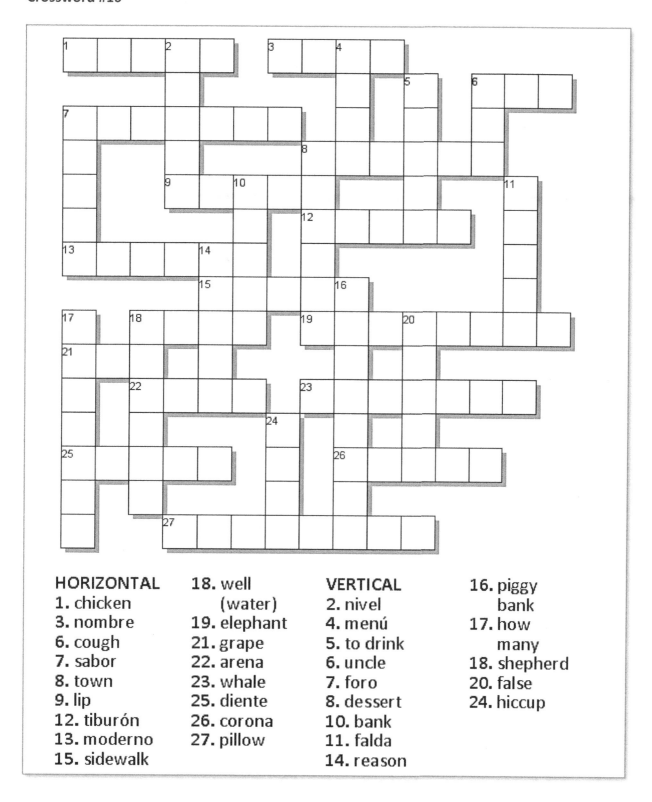

HORIZONTAL
1. chicken
3. nombre
6. cough
7. sabor
8. town
9. lip
12. tiburón
13. moderno
15. sidewalk
18. well (water)
19. elephant
21. grape
22. arena
23. whale
25. diente
26. corona
27. pillow

VERTICAL
2. nivel
4. menú
5. to drink
6. uncle
7. foro
8. dessert
10. bank
11. falda
14. reason
16. piggy bank
17. how many
18. shepherd
20. false
24. hiccup

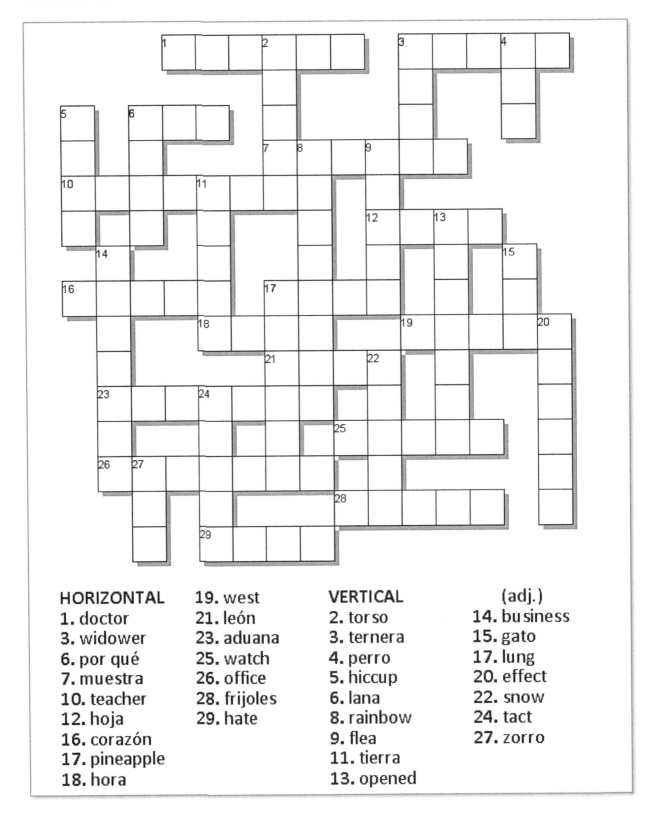

HORIZONTAL
1. doctor
3. widower
6. por qué
7. muestra
10. teacher
12. hoja
16. corazón
17. pineapple
18. hora
19. west
21. león
23. aduana
25. watch
26. office
28. frijoles
29. hate

VERTICAL
2. torso
3. ternera
4. perro
5. hiccup
6. lana
8. rainbow
9. flea
11. tierra
13. opened

(adj.)
14. business
15. gato
17. lung
20. effect
22. snow
24. tact
27. zorro

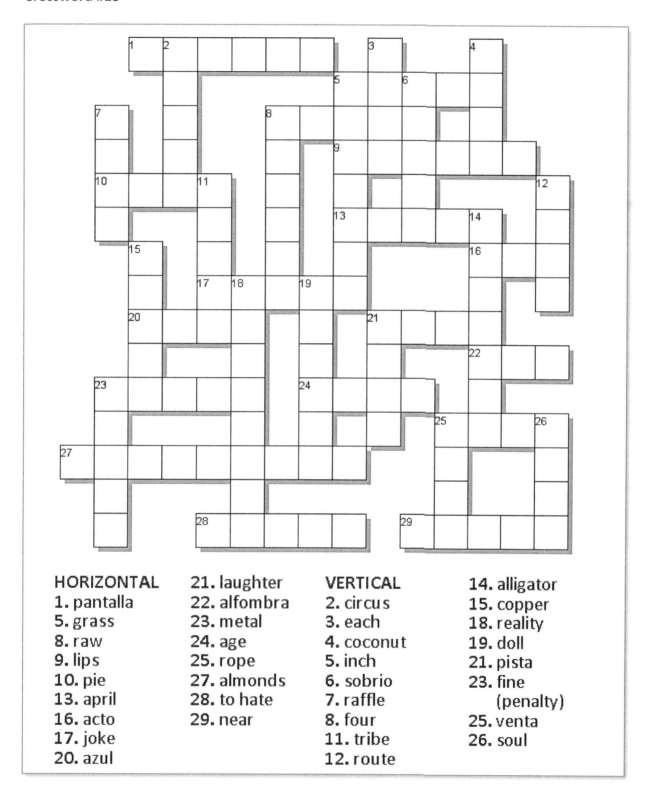

HORIZONTAL
1. pantalla
5. grass
8. raw
9. lips
10. pie
13. april
16. acto
17. joke
20. azul
21. laughter
22. alfombra
23. metal
24. age
25. rope
27. almonds
28. to hate
29. near

VERTICAL
2. circus
3. each
4. coconut
5. inch
6. sobrio
7. raffle
8. four
11. tribe
12. route
14. alligator
15. copper
18. reality
19. doll
21. pista
23. fine (penalty)
25. venta
26. soul

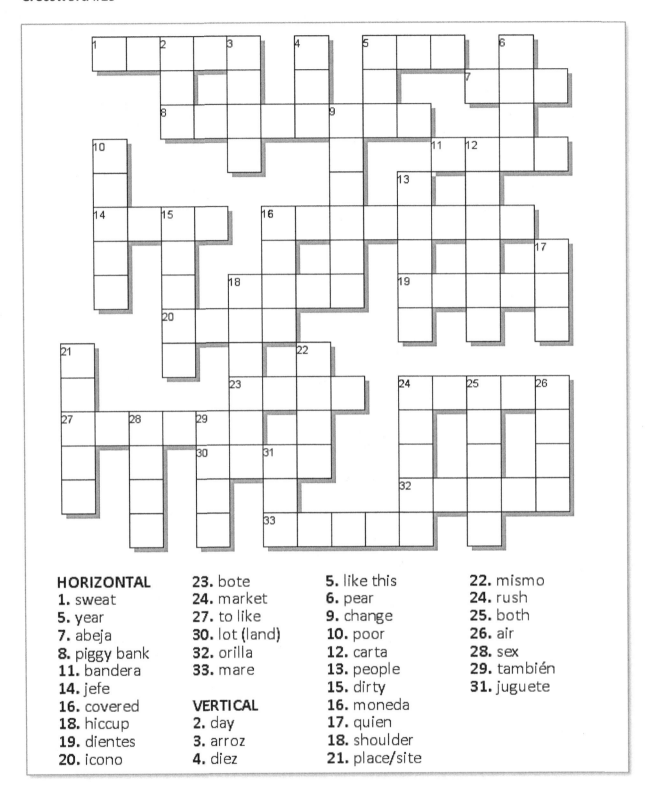

HORIZONTAL
1. sweat
5. year
7. abeja
8. piggy bank
11. bandera
14. jefe
16. covered
18. hiccup
19. dientes
20. icono

23. bote
24. market
27. to like
30. lot (land)
32. orilla
33. mare

VERTICAL
2. day
3. arroz
4. diez

5. like this
6. pear
9. change
10. poor
12. carta
13. people
15. dirty
16. moneda
17. quien
18. shoulder
21. place/site

22. mismo
24. rush
25. both
26. air
28. sex
29. también
31. juguete

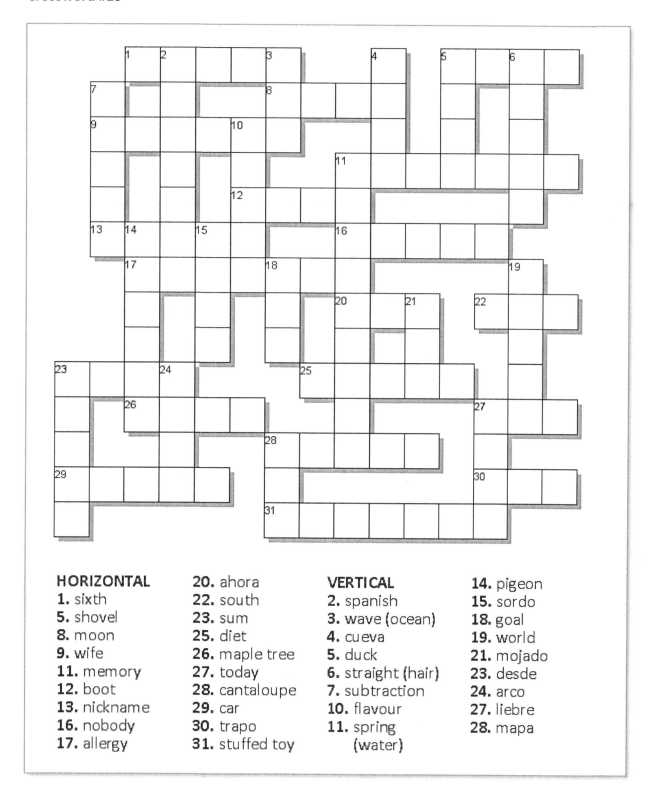

HORIZONTAL
1. sixth
5. shovel
8. moon
9. wife
11. memory
12. boot
13. nickname
16. nobody
17. allergy

20. ahora
22. south
23. sum
25. diet
26. maple tree
27. today
28. cantaloupe
29. car
30. trapo
31. stuffed toy

VERTICAL
2. spanish
3. wave (ocean)
4. cueva
5. duck
6. straight (hair)
7. subtraction
10. flavour
11. spring
(water)

14. pigeon
15. sordo
18. goal
19. world
21. mojado
23. desde
24. arco
27. liebre
28. mapa

Crossword #21

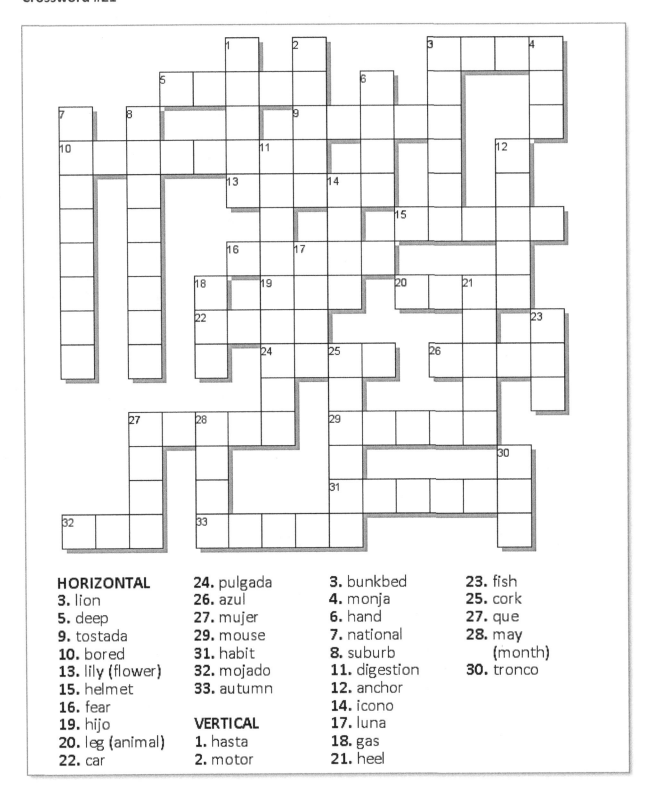

HORIZONTAL
3. lion
5. deep
9. tostada
10. bored
13. lily (flower)
15. helmet
16. fear
19. hijo
20. leg (animal)
22. car

24. pulgada
26. azul
27. mujer
29. mouse
31. habit
32. mojado
33. autumn

VERTICAL
1. hasta
2. motor

3. bunkbed
4. monja
6. hand
7. national
8. suburb
11. digestion
12. anchor
14. icono
17. luna
18. gas
21. heel

23. fish
25. cork
27. que
28. may (month)
30. tronco

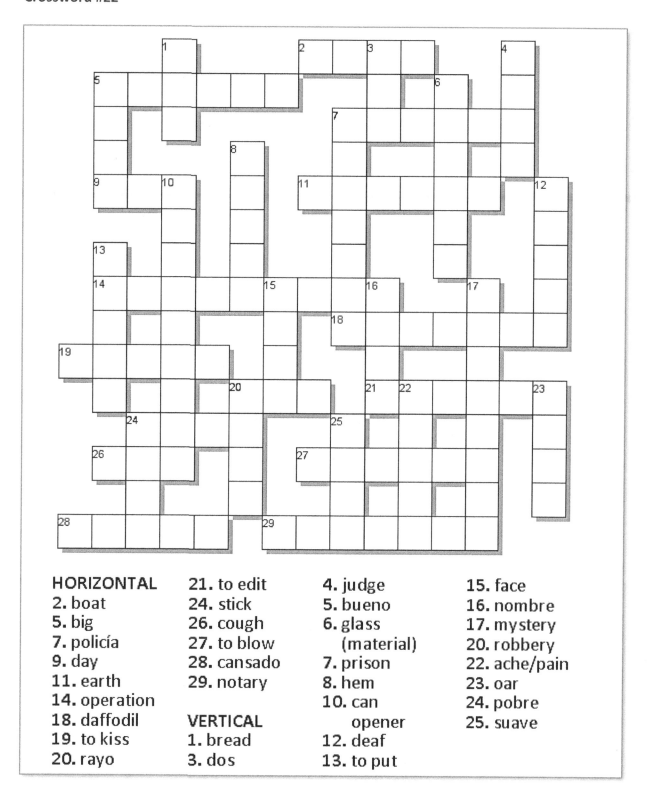

HORIZONTAL
2. boat
5. big
7. policía
9. day
11. earth
14. operation
18. daffodil
19. to kiss
20. rayo

21. to edit
24. stick
26. cough
27. to blow
28. cansado
29. notary

VERTICAL
1. bread
3. dos

4. judge
5. bueno
6. glass
   (material)
7. prison
8. hem
10. can
   opener
12. deaf
13. to put

15. face
16. nombre
17. mystery
20. robbery
22. ache/pain
23. oar
24. pobre
25. suave

Crossword #23

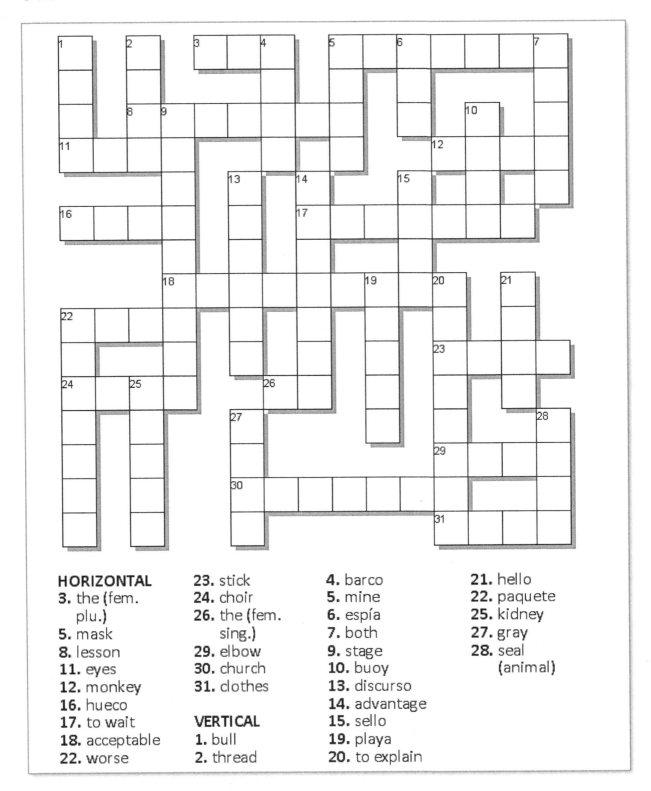

HORIZONTAL
3. the (fem. plu.)
5. mask
8. lesson
11. eyes
12. monkey
16. hueco
17. to wait
18. acceptable
22. worse

23. stick
24. choir
26. the (fem. sing.)
29. elbow
30. church
31. clothes

VERTICAL
1. bull
2. thread

4. barco
5. mine
6. espía
7. both
9. stage
10. buoy
13. discurso
14. advantage
15. sello
19. playa
20. to explain

21. hello
22. paquete
25. kidney
27. gray
28. seal (animal)

Crossword #24

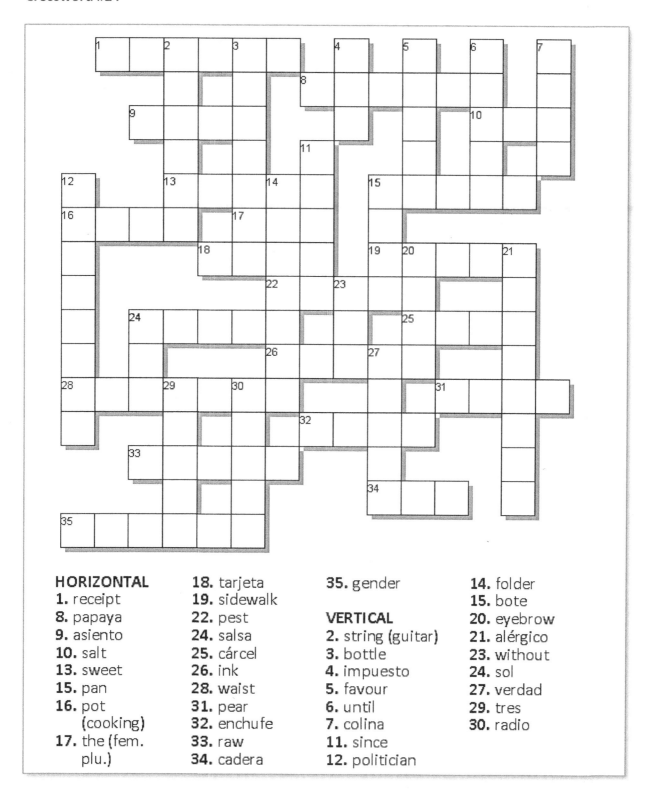

HORIZONTAL
1. receipt
8. papaya
9. asiento
10. salt
13. sweet
15. pan
16. pot (cooking)
17. the (fem. plu.)
18. tarjeta
19. sidewalk
22. pest
24. salsa
25. cárcel
26. ink
28. waist
31. pear
32. enchufe
33. raw
34. cadera
35. gender

VERTICAL
2. string (guitar)
3. bottle
4. impuesto
5. favour
6. until
7. colina
11. since
12. politician
14. folder
15. bote
20. eyebrow
21. alérgico
23. without
24. sol
27. verdad
29. tres
30. radio

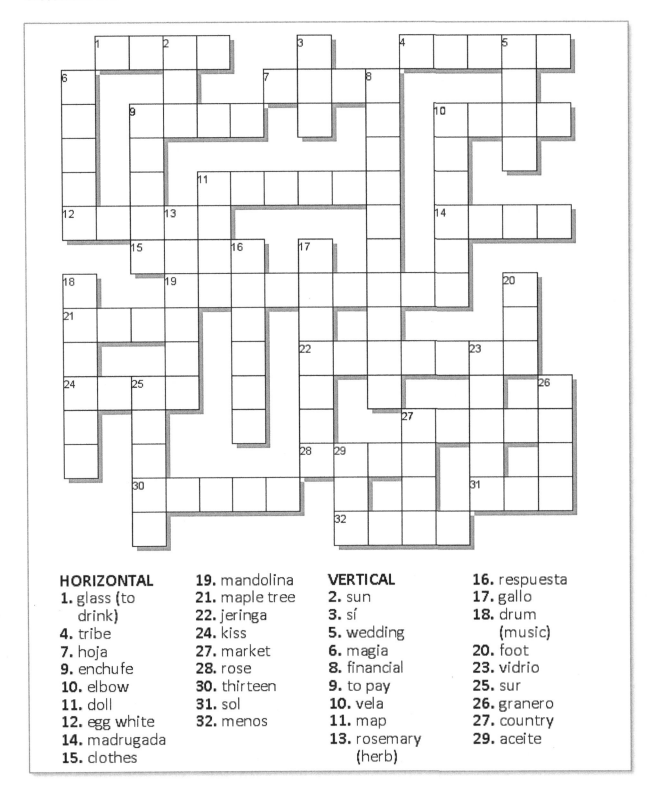

HORIZONTAL
1. glass (to drink)
4. tribe
7. hoja
9. enchufe
10. elbow
11. doll
12. egg white
14. madrugada
15. clothes
19. mandolina
21. maple tree
22. jeringa
24. kiss
27. market
28. rose
30. thirteen
31. sol
32. menos

VERTICAL
2. sun
3. sí
5. wedding
6. magia
8. financial
9. to pay
10. vela
11. map
13. rosemary (herb)
16. respuesta
17. gallo
18. drum (music)
20. foot
23. vidrio
25. sur
26. granero
27. country
29. aceite

Crossword #26

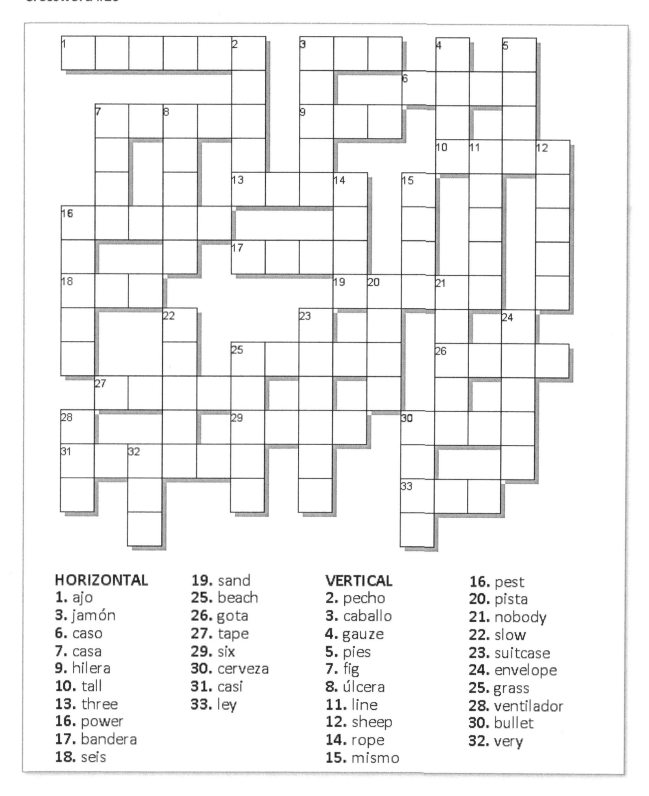

HORIZONTAL
1. ajo
3. jamón
6. caso
7. casa
9. hilera
10. tall
13. three
16. power
17. bandera
18. seis
19. sand
25. beach
26. gota
27. tape
29. six
30. cerveza
31. casi
33. ley

VERTICAL
2. pecho
3. caballo
4. gauze
5. pies
7. fig
8. úlcera
11. line
12. sheep
14. rope
15. mismo
16. pest
20. pista
21. nobody
22. slow
23. suitcase
24. envelope
25. grass
28. ventilador
30. bullet
32. very

Crossword #27

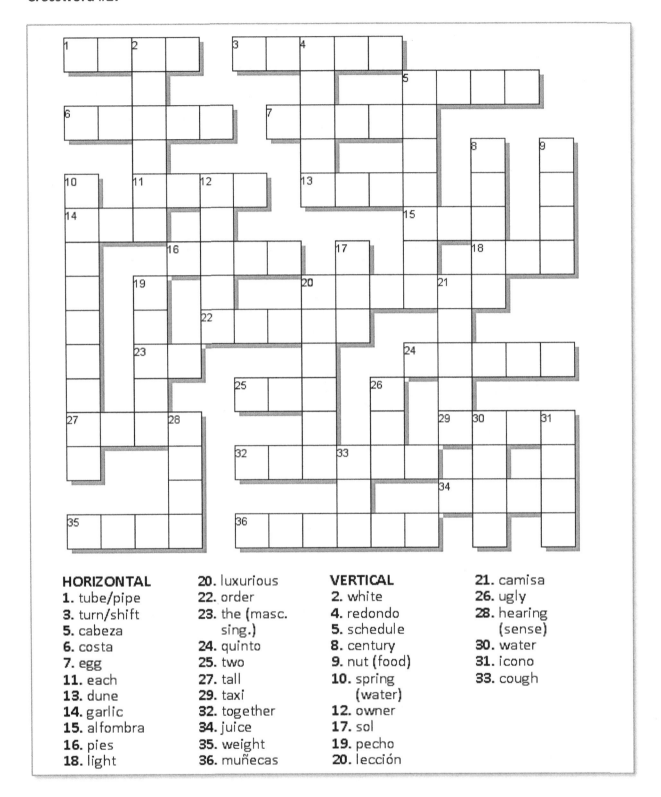

HORIZONTAL
1. tube/pipe
3. turn/shift
5. cabeza
6. costa
7. egg
11. each
13. dune
14. garlic
15. alfombra
16. pies
18. light

20. luxurious
22. order
23. the (masc. sing.)
24. quinto
25. two
27. tall
29. taxi
32. together
34. juice
35. weight
36. muñecas

VERTICAL
2. white
4. redondo
5. schedule
8. century
9. nut (food)
10. spring (water)
12. owner
17. sol
19. pecho
20. lección

21. camisa
26. ugly
28. hearing (sense)
30. water
31. icono
33. cough

Crossword #28

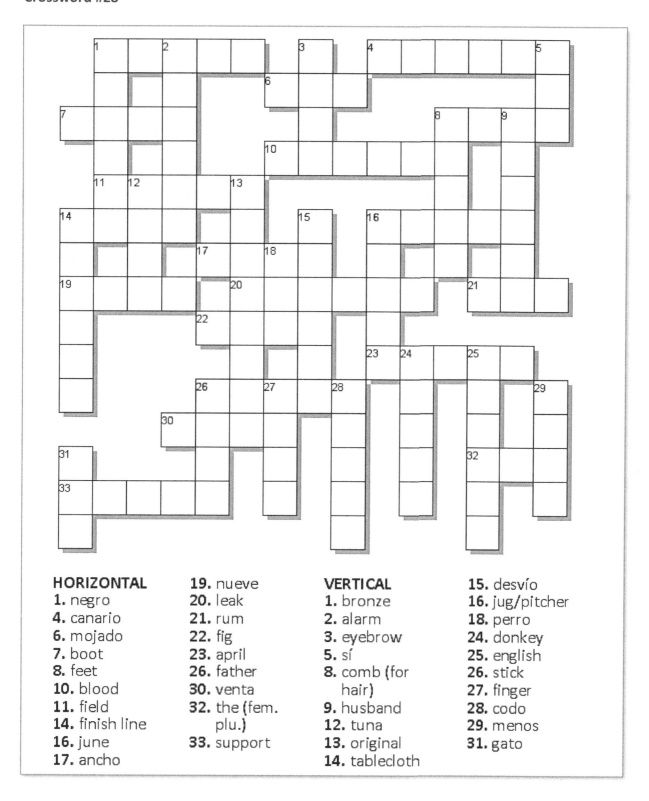

HORIZONTAL
1. negro
4. canario
6. mojado
7. boot
8. feet
10. blood
11. field
14. finish line
16. june
17. ancho
19. nueve
20. leak
21. rum
22. fig
23. april
26. father
30. venta
32. the (fem. plu.)
33. support

VERTICAL
1. bronze
2. alarm
3. eyebrow
5. sí
8. comb (for hair)
9. husband
12. tuna
13. original
14. tablecloth
15. desvío
16. jug/pitcher
18. perro
24. donkey
25. english
26. stick
27. finger
28. codo
29. menos
31. gato

Crossword #29

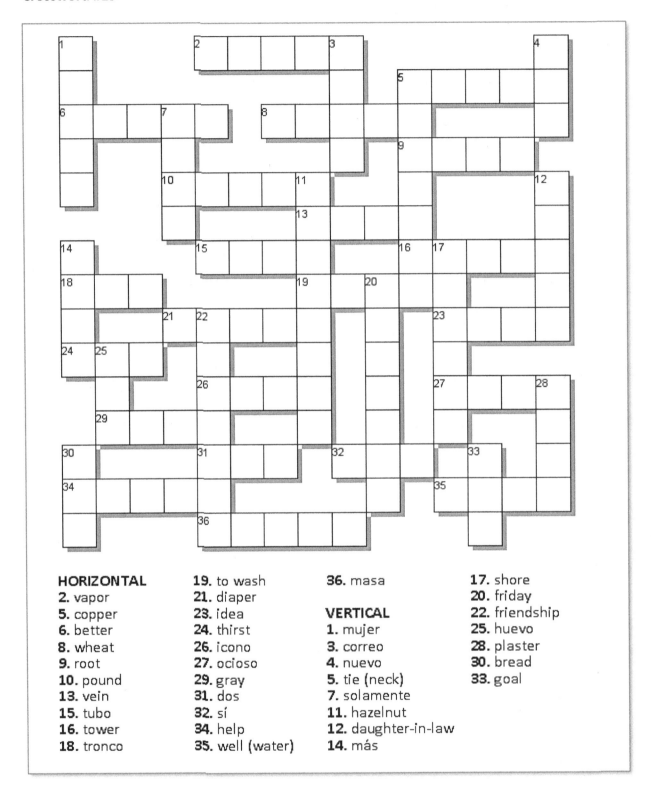

HORIZONTAL
2. vapor
5. copper
6. better
8. wheat
9. root
10. pound
13. vein
15. tubo
16. tower
18. tronco

19. to wash
21. diaper
23. idea
24. thirst
26. icono
27. ocioso
29. gray
31. dos
32. sí
34. help
35. well (water)

36. masa

VERTICAL
1. mujer
3. correo
4. nuevo
5. tie (neck)
7. solamente
11. hazelnut
12. daughter-in-law
14. más

17. shore
20. friday
22. friendship
25. huevo
28. plaster
30. bread
33. goal

Crossword #30

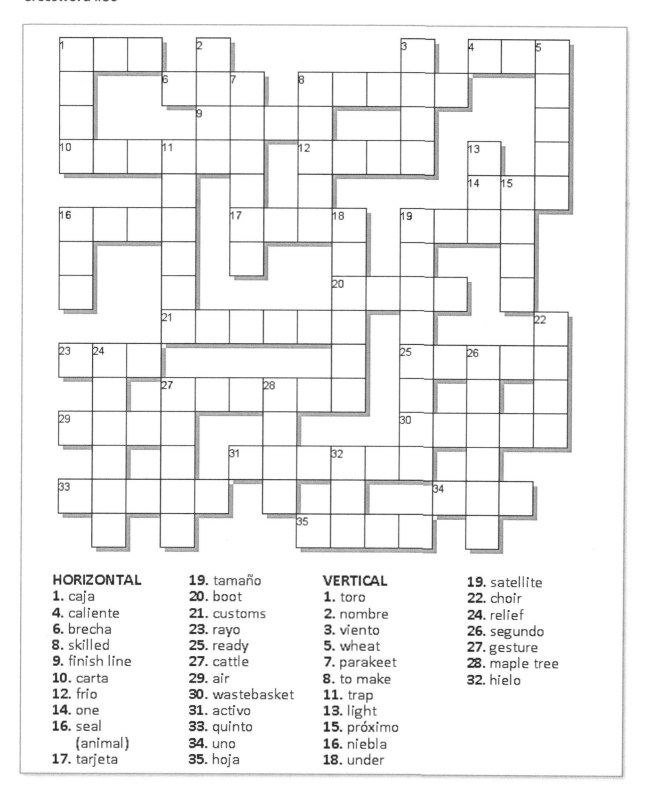

HORIZONTAL
1. caja
4. caliente
6. brecha
8. skilled
9. finish line
10. carta
12. frio
14. one
16. seal (animal)
17. tarjeta
19. tamaño
20. boot
21. customs
23. rayo
25. ready
27. cattle
29. air
30. wastebasket
31. activo
33. quinto
34. uno
35. hoja

VERTICAL
1. toro
2. nombre
3. viento
5. wheat
7. parakeet
8. to make
11. trap
13. light
15. próximo
16. niebla
18. under
19. satellite
22. choir
24. relief
26. segundo
27. gesture
28. maple tree
32. hielo

Crossword #31

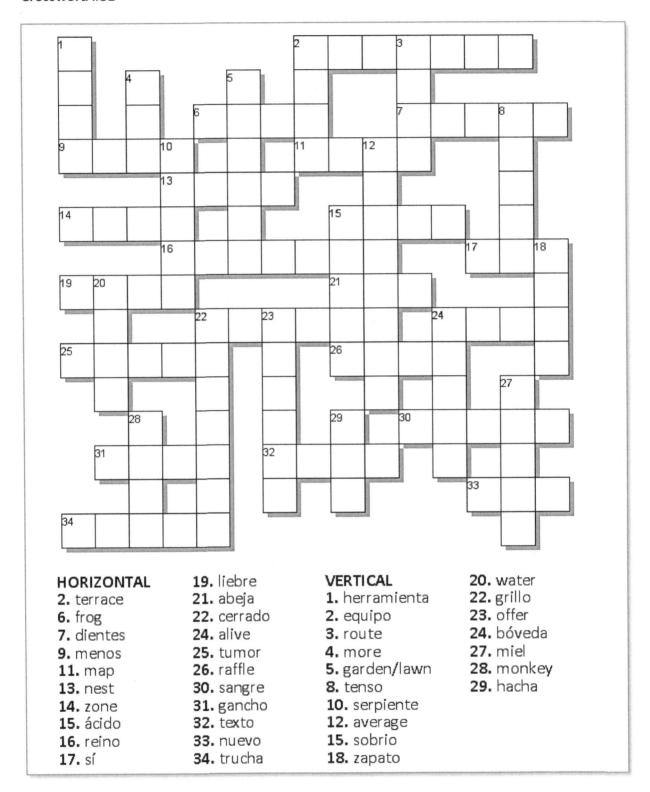

HORIZONTAL
2. terrace
6. frog
7. dientes
9. menos
11. map
13. nest
14. zone
15. ácido
16. reino
17. sí

19. liebre
21. abeja
22. cerrado
24. alive
25. tumor
26. raffle
30. sangre
31. gancho
32. texto
33. nuevo
34. trucha

VERTICAL
1. herramienta
2. equipo
3. route
4. more
5. garden/lawn
8. tenso
10. serpiente
12. average
15. sobrio
18. zapato

20. water
22. grillo
23. offer
24. bóveda
27. miel
28. monkey
29. hacha

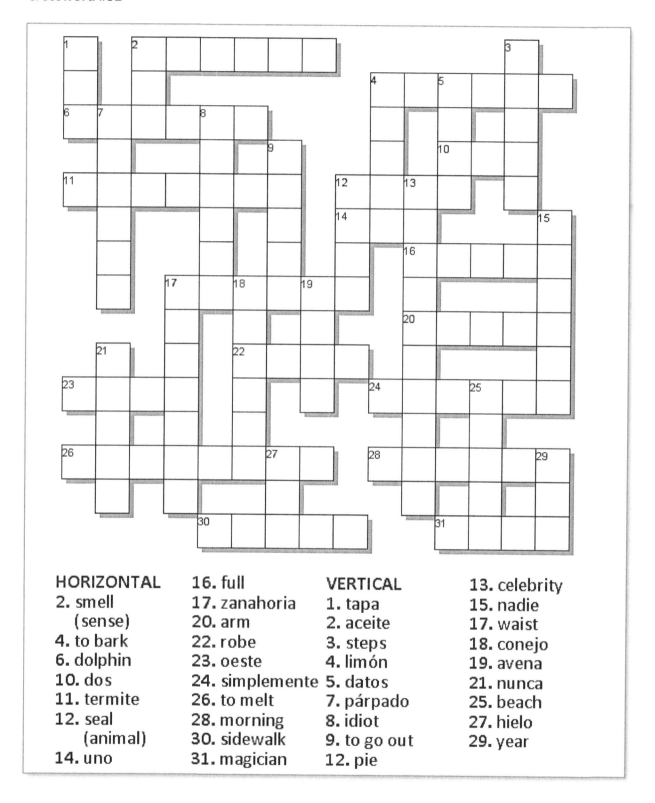

HORIZONTAL
2. smell (sense)
4. to bark
6. dolphin
10. dos
11. termite
12. seal (animal)
14. uno
16. full
17. zanahoria
20. arm
22. robe
23. oeste
24. simplemente
26. to melt
28. morning
30. sidewalk
31. magician

VERTICAL
1. tapa
2. aceite
3. steps
4. limón
5. datos
7. párpado
8. idiot
9. to go out
12. pie
13. celebrity
15. nadie
17. waist
18. conejo
19. avena
21. nunca
25. beach
27. hielo
29. year

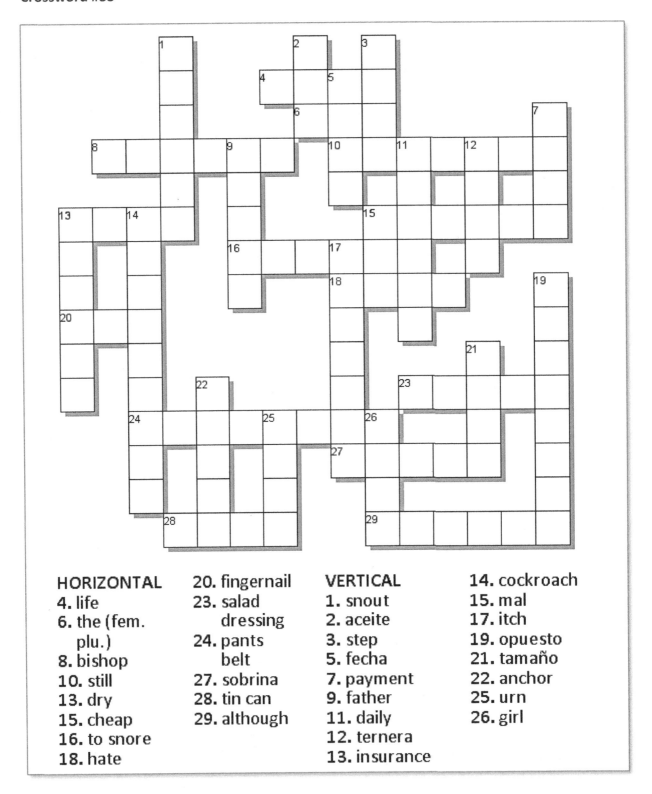

HORIZONTAL
4. life
6. the (fem. plu.)
8. bishop
10. still
13. dry
15. cheap
16. to snore
18. hate
20. fingernail
23. salad dressing
24. pants belt
27. sobrina
28. tin can
29. although

VERTICAL
1. snout
2. aceite
3. step
5. fecha
7. payment
9. father
11. daily
12. ternera
13. insurance
14. cockroach
15. mal
17. itch
19. opuesto
21. tamaño
22. anchor
25. urn
26. girl

Crossword #34

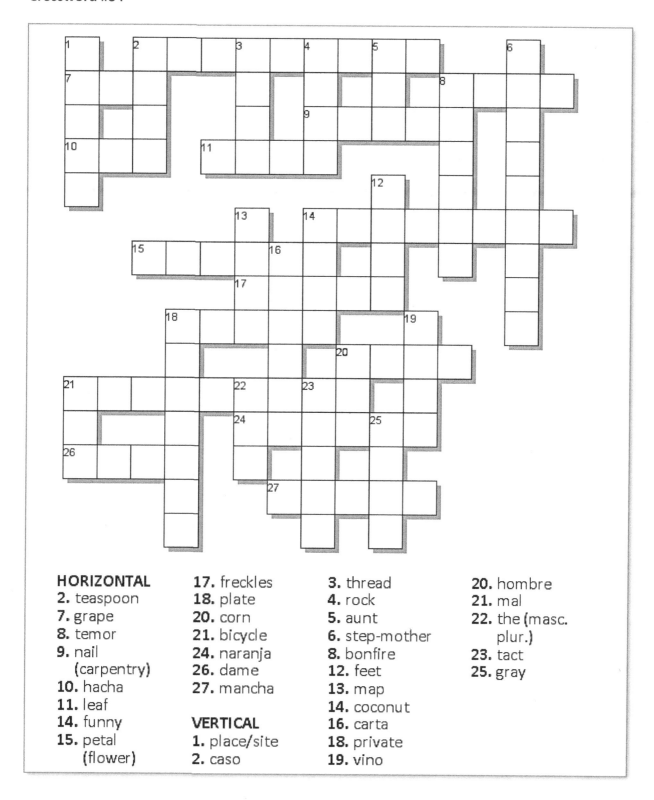

HORIZONTAL
2. teaspoon
7. grape
8. temor
9. nail (carpentry)
10. hacha
11. leaf
14. funny
15. petal (flower)
17. freckles
18. plate
20. corn
21. bicycle
24. naranja
26. dame
27. mancha

VERTICAL
1. place/site
2. caso
3. thread
4. rock
5. aunt
6. step-mother
8. bonfire
12. feet
13. map
14. coconut
16. carta
18. private
19. vino
20. hombre
21. mal
22. the (masc. plur.)
23. tact
25. gray

Crossword #35

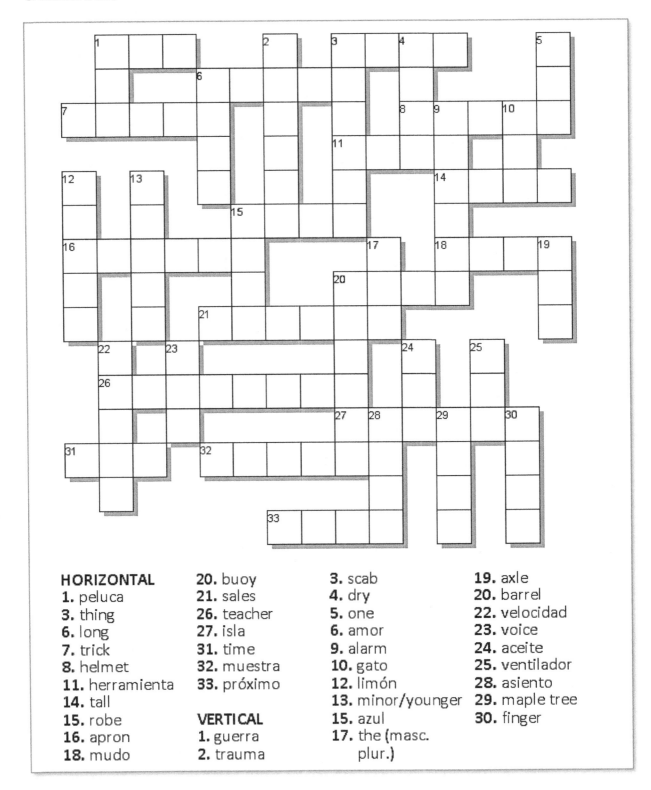

HORIZONTAL
1. peluca
3. thing
6. long
7. trick
8. helmet
11. herramienta
14. tall
15. robe
16. apron
18. mudo
20. buoy
21. sales
26. teacher
27. isla
31. time
32. muestra
33. próximo

VERTICAL
1. guerra
2. trauma
3. scab
4. dry
5. one
6. amor
9. alarm
10. gato
12. limón
13. minor/younger
15. azul
17. the (masc. plur.)
19. axle
20. barrel
22. velocidad
23. voice
24. aceite
25. ventilador
28. asiento
29. maple tree
30. finger

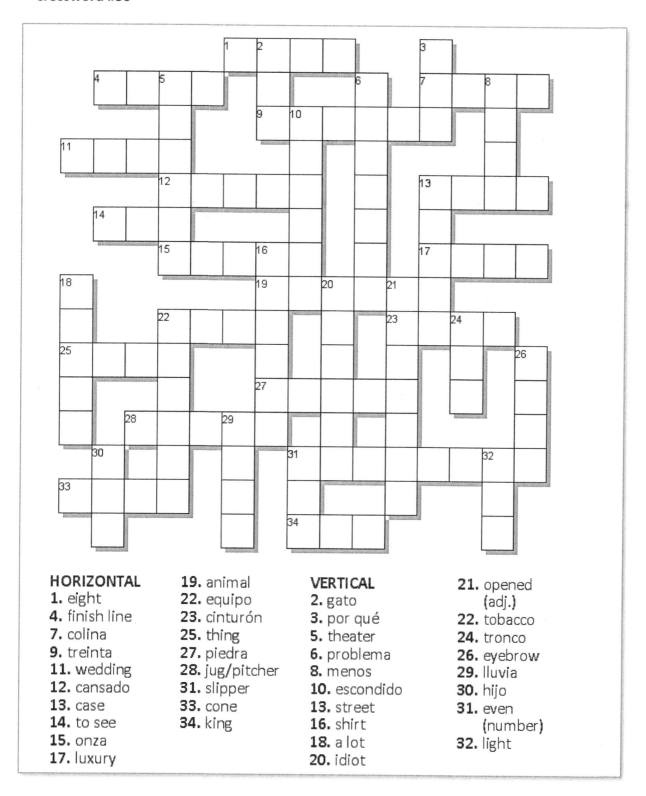

HORIZONTAL
1. eight
4. finish line
7. colina
9. treinta
11. wedding
12. cansado
13. case
14. to see
15. onza
17. luxury
19. animal
22. equipo
23. cinturón
25. thing
27. piedra
28. jug/pitcher
31. slipper
33. cone
34. king

VERTICAL
2. gato
3. por qué
5. theater
6. problema
8. menos
10. escondido
13. street
16. shirt
18. a lot
20. idiot
21. opened (adj.)
22. tobacco
24. tronco
26. eyebrow
29. lluvia
30. hijo
31. even (number)
32. light

Crossword #37

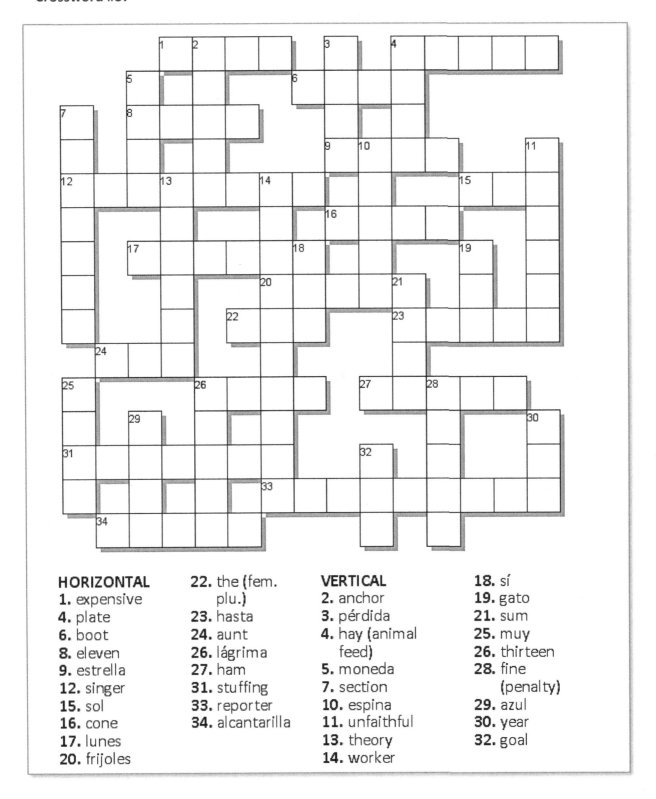

HORIZONTAL
1. expensive
4. plate
6. boot
8. eleven
9. estrella
12. singer
15. sol
16. cone
17. lunes
20. frijoles
22. the (fem. plu.)
23. hasta
24. aunt
26. lágrima
27. ham
31. stuffing
33. reporter
34. alcantarilla

VERTICAL
2. anchor
3. pérdida
4. hay (animal feed)
5. moneda
7. section
10. espina
11. unfaithful
13. theory
14. worker
18. sí
19. gato
21. sum
25. muy
26. thirteen
28. fine (penalty)
29. azul
30. year
32. goal

Crossword #38

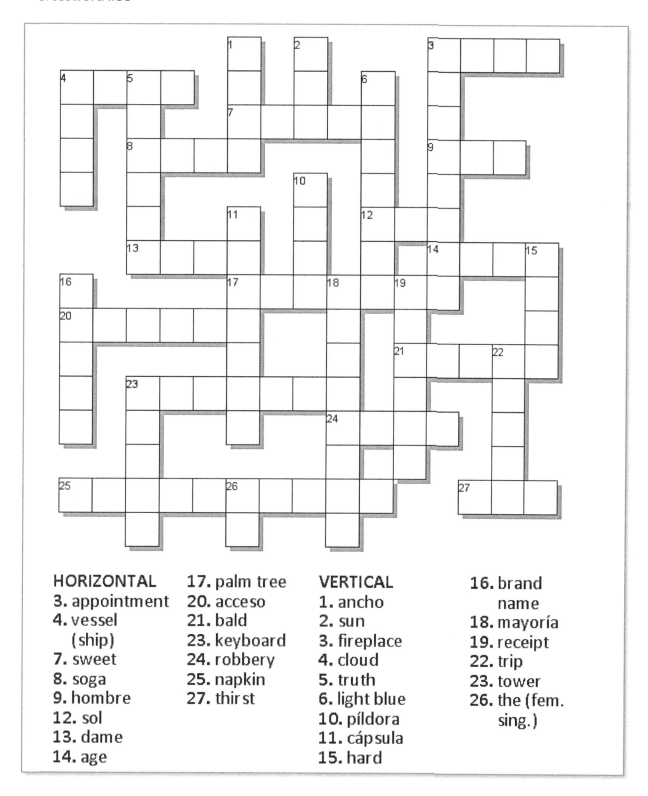

HORIZONTAL
3. appointment
4. vessel (ship)
7. sweet
8. soga
9. hombre
12. sol
13. dame
14. age
17. palm tree
20. acceso
21. bald
23. keyboard
24. robbery
25. napkin
27. thirst

VERTICAL
1. ancho
2. sun
3. fireplace
4. cloud
5. truth
6. light blue
10. píldora
11. cápsula
15. hard
16. brand name
18. mayoría
19. receipt
22. trip
23. tower
26. the (fem. sing.)

Crossword #39

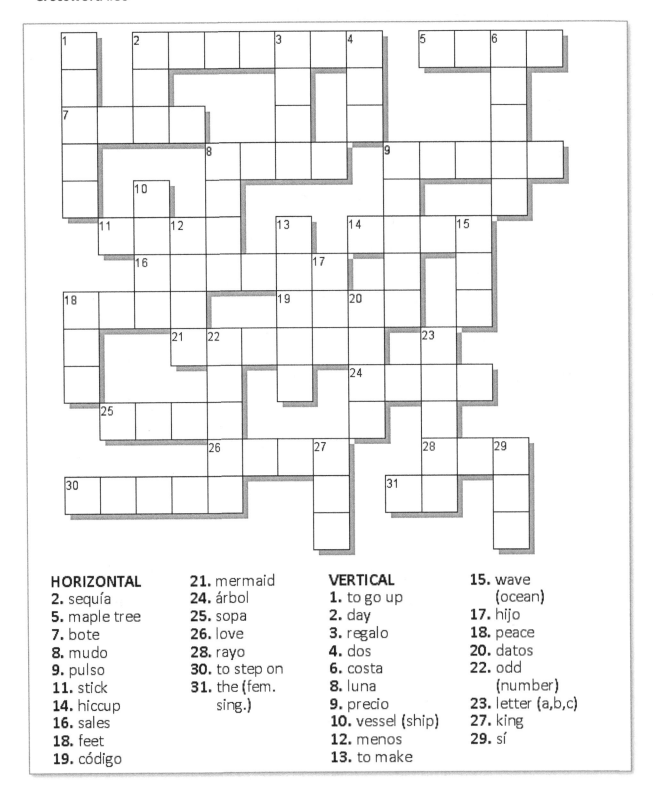

HORIZONTAL
2. sequía
5. maple tree
7. bote
8. mudo
9. pulso
11. stick
14. hiccup
16. sales
18. feet
19. código
21. mermaid
24. árbol
25. sopa
26. love
28. rayo
30. to step on
31. the (fem. sing.)

VERTICAL
1. to go up
2. day
3. regalo
4. dos
6. costa
8. luna
9. precio
10. vessel (ship)
12. menos
13. to make
15. wave (ocean)
17. hijo
18. peace
20. datos
22. odd (number)
23. letter (a,b,c)
27. king
29. sí

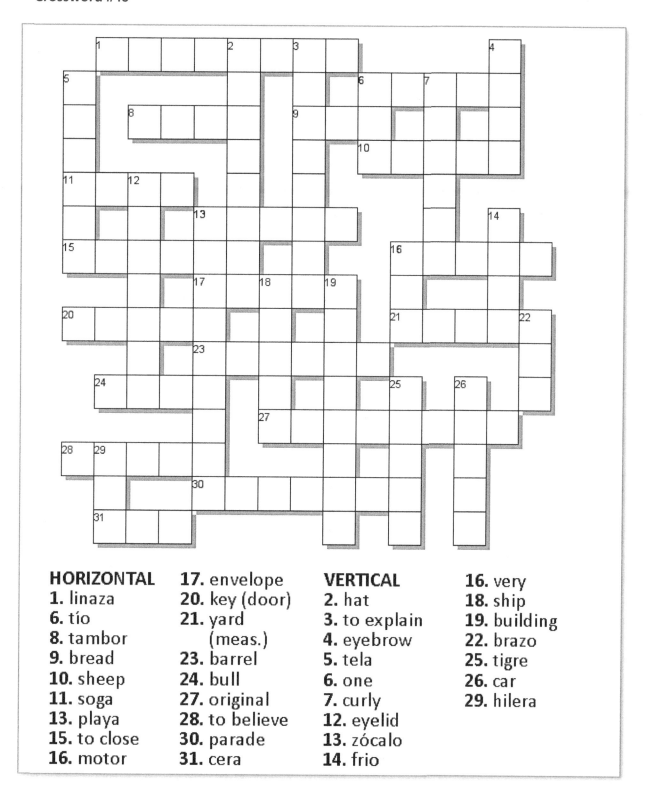

HORIZONTAL
1. linaza
6. tío
8. tambor
9. bread
10. sheep
11. soga
13. playa
15. to close
16. motor
17. envelope
20. key (door)
21. yard (meas.)
23. barrel
24. bull
27. original
28. to believe
30. parade
31. cera

VERTICAL
2. hat
3. to explain
4. eyebrow
5. tela
6. one
7. curly
12. eyelid
13. zócalo
14. frio
16. very
18. ship
19. building
22. brazo
25. tigre
26. car
29. hilera

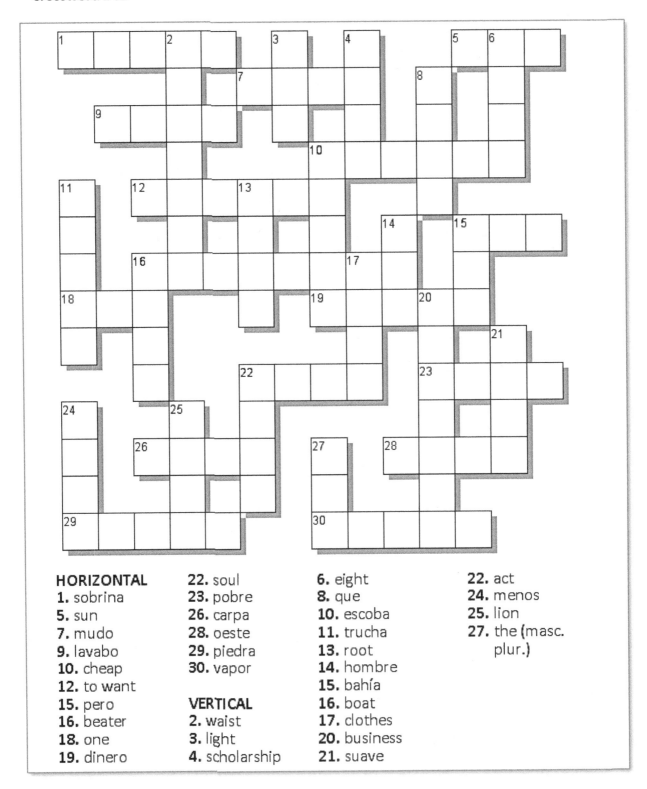

HORIZONTAL
1. sobrina
5. sun
7. mudo
9. lavabo
10. cheap
12. to want
15. pero
16. beater
18. one
19. dinero

22. soul
23. pobre
26. carpa
28. oeste
29. piedra
30. vapor

VERTICAL
2. waist
3. light
4. scholarship

6. eight
8. que
10. escoba
11. trucha
13. root
14. hombre
15. bahía
16. boat
17. clothes
20. business
21. suave

22. act
24. menos
25. lion
27. the (masc. plur.)

Crossword #42

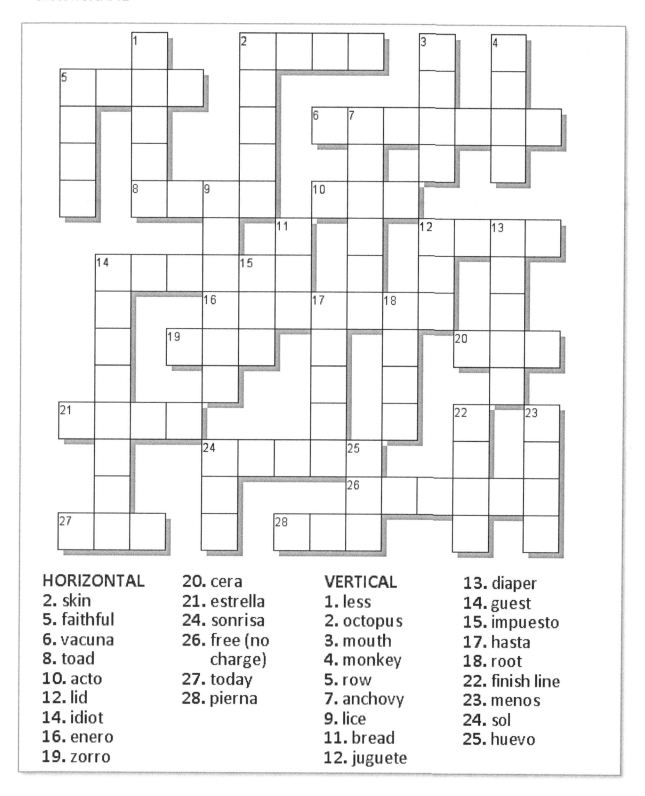

HORIZONTAL
2. skin
5. faithful
6. vacuna
8. toad
10. acto
12. lid
14. idiot
16. enero
19. zorro
20. cera
21. estrella
24. sonrisa
26. free (no charge)
27. today
28. pierna

VERTICAL
1. less
2. octopus
3. mouth
4. monkey
5. row
7. anchovy
9. lice
11. bread
12. juguete
13. diaper
14. guest
15. impuesto
17. hasta
18. root
22. finish line
23. menos
24. sol
25. huevo

Crossword #43

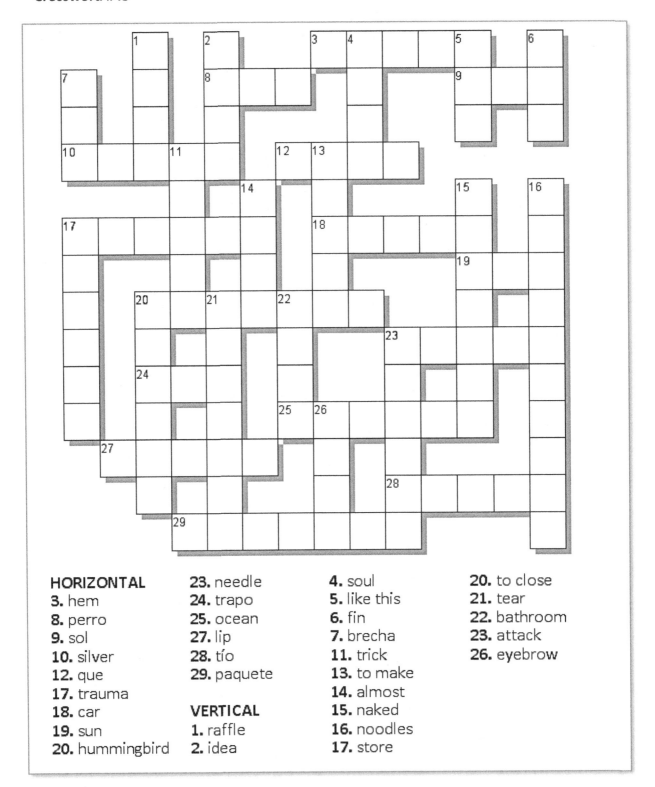

HORIZONTAL
3. hem
8. perro
9. sol
10. silver
12. que
17. trauma
18. car
19. sun
20. hummingbird
23. needle
24. trapo
25. ocean
27. lip
28. tío
29. paquete

VERTICAL
1. raffle
2. idea
4. soul
5. like this
6. fin
7. brecha
11. trick
13. to make
14. almost
15. naked
16. noodles
17. store
20. to close
21. tear
22. bathroom
23. attack
26. eyebrow

Crossword #44

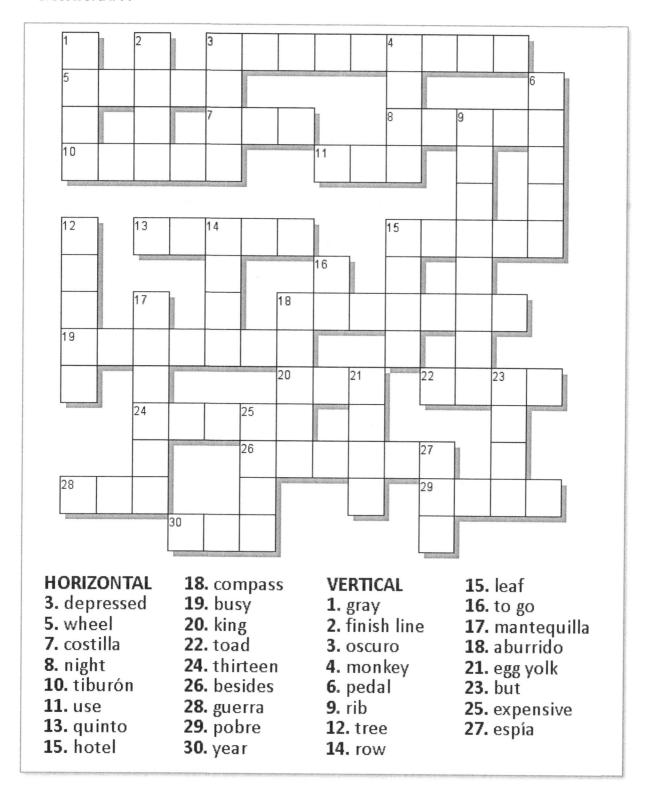

HORIZONTAL
3. depressed
5. wheel
7. costilla
8. night
10. tiburón
11. use
13. quinto
15. hotel
18. compass
19. busy
20. king
22. toad
24. thirteen
26. besides
28. guerra
29. pobre
30. year

VERTICAL
1. gray
2. finish line
3. oscuro
4. monkey
6. pedal
9. rib
12. tree
14. row
15. leaf
16. to go
17. mantequilla
18. aburrido
21. egg yolk
23. but
25. expensive
27. espía

Crossword #45

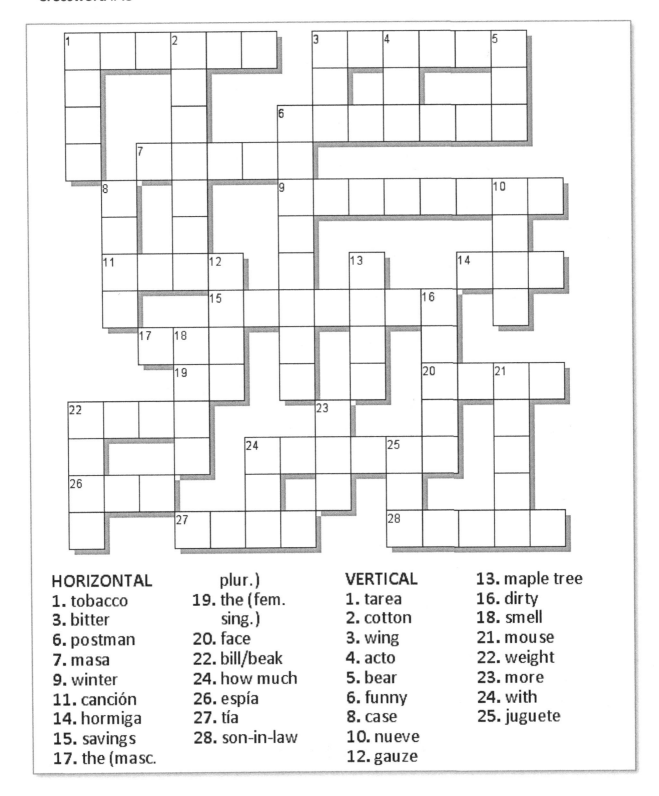

HORIZONTAL
1. tobacco
3. bitter
6. postman
7. masa
9. winter
11. canción
14. hormiga
15. savings
17. the (masc. plur.)
19. the (fem. sing.)
20. face
22. bill/beak
24. how much
26. espía
27. tía
28. son-in-law

VERTICAL
1. tarea
2. cotton
3. wing
4. acto
5. bear
6. funny
8. case
10. nueve
12. gauze
13. maple tree
16. dirty
18. smell
21. mouse
22. weight
23. more
24. with
25. juguete

Jumbled Words

Another classic word puzzle!

*You will see a table with jumbled letters. These are all **Spanish words**.*

*Below the table, there is a list of **English words**. Each one of these words corresponds to a word in the table.*

Your job: put the letters of the words in the table in the correct order AND find the equivalent word in English. If you wish, you may write the Spanish word on the line provided. An example is given in Puzzle #1.

Diviértete…!

Puzzle #1

Animals

abcalol	rezba
pooll	agluiá
nabalel	dolepoar
cava	toap
rozor	teeflean
irtge	macelol
biórtun	(rurob) *(re-arrange to spell: 'burro')*

(donkey)	burro	eagle	_____
fox	_____	leopard	_____
elephant	_____	shark	_____
chicken	_____	zebra	_____
horse	_____	tiger	_____
whale	_____	duck	_____
cow	_____	camel	_____

Puzzle #2

Colours

amoriall	zaul
ojor	omroda
jaranan	canobl
reved	greon
taviole	rómarn
srig	saro
quetursa	steceel

purple	_____	yellow	_____
turquoise	_____	pink	_____
violet	_____	grey	_____
light blue	_____	red	_____
brown	_____	black	_____
white	_____	blue	_____
orange	_____	green	_____

Puzzle #3

Household Items

sapidorara	erferigorard
ortelevis	álmarap
dotostara	ufesta
meusble	alfamorb
valarado	rodsacae
cuadlirao	valatoplas
vantelidor	ofnoelét

washer   _____

drier   _____

dishwasher   _____

refrigerator   _____

stove   _____

mixer   _____

toaster   _____

lamp   _____

carpet/rug   _____

telephone   _____

fan   _____

furniture   _____

vacuum   _____

T.V. Set   _____

Puzzle #4

Body Parts

belloac	sepi
magostóe	zócoran
soman	chope
razni	zobras
gadího	dasepla
napiers	sontintesi
abezac	monesplu

arms   _____   legs   _____

heart   _____   kidney   _____

feet   _____   stomach   _____

hair   _____   lungs   _____

head   _____   back   _____

hands   _____   chest   _____

nose   _____   intestines   _____

Puzzle #5

Fuits & Vegetables

joronta	opia
piescana	jofriles
ettoma	joa
savu	zima
zamanan	horzanaia
chalcofaa	rananja
alcebol	aclazaba

carrot	_____	apple	_____
onion	_____	grapefruit	_____
tomato	_____	garlic	_____
pumpkin	_____	celery	_____
spinach	_____	beans	_____
orange	_____	corn	_____
grapes	_____	artichoke	_____

Puzzle #6

Family Members

amernoh	oluabe
renoy	grasue
amder	atí
gorsue	ñadauc
brisono	ranue
morip	derpa
bulaea	rinobas

mother _____

father _____

grandfather _____

grandmother _____

aunt _____

brother _____

nephew _____

niece _____

cousin *(m)* _____

mother-in-law _____

father-in-law _____

daughter-in-law _____

son-in-law _____

sister-in-law _____

Puzzle #7

Professions

oringenie	talectericis
nomicotase	dearnoap
occinore	mastrae
rocarte	oilpcía
doabago	carniptore
feranerme	venedord
merloop	doratacon

carpenter   _____

plumber   _____

baker   _____

cook   _____

lawyer   _____

accountant (f)   _____

teacher (f)   _____

nurse (f)   _____

postman   _____

engineer   _____

electrician   _____

economist   _____

policeman   _____

salesman   _____

Puzzle #8

The Arts

niptaur	questora
rotcoposim	lomárm
setuclura	culpelía
zielon	llecabate
zictar	ojbudi
tatesua	cantetan
omuse	bracho

sculpture	_____	museum	_____
brush	_____	composer	_____
easel	_____	orchestra	_____
marble	_____	canvas	_____
painting	_____	actress	_____
singer	_____	drawing	_____
statue	_____	film	_____

Puzzle #9

Health Related

roldo	olipád
acteriba	realgia
medafreend	fatcurra
tivamisan	breief
mabucilana	lathopsi
sluda	sanger
vanacu	ntpcaiee

bacteria	_____	vaccine	_____
patient	_____	fever	_____
fracture	_____	blood	_____
health	_____	pain	_____
ambulance	_____	hospital	_____
vitamins	_____	allergy	_____
sickness	_____	pale	_____

Puzzle #10

In the Supermarket

matoset	acner
nóbaj	melison
yomasane	sanzaman
sadbibe	dosheal
mansardian	cheluga
zarro	villesaster
cheel	pasecod

lettuce	_____	meat	_____
tomatoes	_____	soap	_____
lemons	_____	milk	_____
napkins	_____	rice	_____
fish	_____	mayonnaise	_____
ice cream	_____	beverages	_____
apples	_____	mandarines	_____

Puzzle #11

In the Resort

roevel	plamears
thabeciaonis	sola
yalap	sguaí
sadbebi	creecpión
céanoo	strstuia
reana	midaoc
teartearsun	naipisc

beach _____   sand _____

restaurant _____   waves _____

tourists _____   sailboat _____

swimming pool _____   guides _____

ocean _____   rooms _____

palm trees _____   food _____

reception _____   beverage _____

Puzzle #12

Department Store

patríazea	micoda
satipaposem	cicoderaón
semuleb	videolucones
marnaccíe	apro
lidamanudesa	ramfacia
satherieramn	cionestameintoa
solrage	stjguuee

clothing	_____	hobbies	_____
tools	_____	returns	_____
pharmacy	_____	furniture	_____
toys	_____	footwear	_____
merchandise	_____	decor	_____
food	_____	gifts	_____
parking	_____	handcrafts	_____

Puzzle #13

At the Restaurant

racuchas	soavs
sllials	odteenres
sapoc	lleservitas
ñabos	sames
zatas	naicco
erosmes	laptos
loscichul	blotasel

kitchen _____   waiters _____

cups _____   knives _____

bottles _____   chairs _____

tables _____   glasses _____

forks _____   plates _____

wine glasses _____   spoons _____

napkins _____   restrooms _____

Puzzle #14

All Liquids

greans	graeniv
angasoil	naptrui
ovni	saidbeb
cheel	agau
cholola	reforces
gujo	teacie
cezaver	gentedeter

beverage	_____	beer	_____
wine	_____	gasoline	_____
paint	_____	water	_____
detergent	_____	juice	_____
oil	_____	alcohol	_____
refreshment	_____	milk	_____
blood	_____	vinegar	_____

Puzzle #15

All Solids

loladril	reboc
ceroa	idrape
viriod	caboa
motecen	caro
orhier	cotiplás
roo	dearma
semelat	ordec

rock   _____

cement   _____

wood   _____

cedar   _____

copper   _____

gold   _____

stone   _____

iron   _____

plastic   _____

brick   _____

glass   _____

metals   _____

mahogany   _____

steel   _____

Find-A-Word

An old time favorite of many people. But... now you have to find Spanish words...!

Words are written in only these directions: ↘ → ↓ ↗

Diviértete...!

```
d   u   l   c   e   r   v   e   z   a

o   e   s   p   o   n   j   a   n   l

m   s   p   l   c   d   i   e   z   i

i   t   l   o   e   e   v   d   b   ñ

n   a   c   a   r   a   r   u   o   o

g   f   y   h   r   t   c   r   t   c

o   a   e   u   o   g   e   o   a   o

m   a   g   o   d   z   o   s   d   r

a   n   u   a   l   a   a   u   t   o

a   l   a   m   b   r   e   d   a   d
```

Palabras

alambre	bota	deportes	estafa
aliño	cerrar	diez	gallo
anual	cerro	domingo	largo
auto	cerveza	dulce	mago
avena	choza	duro	yegua
ayuda	codo	edad	
	coro	esponja	

```
a   r   t   e   s   b   a   t   a   c
c   l   i   t   r   o   c   a   m   a
u   u   m   m   c   t   a   a   g   n
a   n   a   e   p   a   l   p   r   d
r   e   n   d   n   u   l   i   i   a
i   s   u   b   r   d   e   o   s   d
o   c   a   s   a   a   r   s   r   o
p   o   l   l   o   j   g   a   t   l
a   s   i   e   n   t   o   u   s   o
b   a   r   r   i   l   e   ñ   a   r
```

Palabras

acuario	asiento	cama	gris
agua	bajo	candado	impuesto
almendras	barril	cara	leña
anual	bata	casa	litro
apio	bota	cosa	lunes
artes	calle	cuadra	pollo
	calor	dolor	

```
c   o   r   o   n   a   v   i   ó   n
a   h   o   r   r   o   s   t   l   o
r   o   g   u   e   r   r   a   l   o
a   n   c   a   l   o   r   l   c   o
a   g   u   j   a   e   i   i   t   o
m   o   n   o   n   h   g   a   c   a
a   r   d   e   c   r   l   n   l   z
r   d   g   u   é   p   i   o   e   u
g   o   c   l   r   c   h   i   ó   l
o   r   a   d   i   o   d   u   n   a
```

Palabras

aguja	calor	duro	león
ahorros	cara	general	mono
alérgico	cinco	gordo	plato
amargo	corona	guerra	radio
avión	cuchillo	hola	
azul	diez	hongo	
	duna	italiano	

```
a   g   u   a   j   e   d   r   e   z
r   e   s   p   o   n   j   a   b   d
g   n   s   c   a   s   p   a   a   r
e   e   i   t   a   l   i   a   n   o
n   r   r   n   a   r   a   i   c   g
t   a   a   e   s   f   t   r   o   a
i   l   c   i   n   b   a   e   g   t
n   f   r   e   n   t   e   l   r   o
o   g   u   a   n   t   e   s   d   a
c   o   n   t   r   a   t   o   o   a
```

Palabras

agua	cartera	falda	italiano
aire	caspa	frente	lana
ajedrez	cena	gato	largo
argentino	contrato	general	
banco	droga	gerente	
beso	esponja	gris	
	estafa	guante	

```
m  c  a  n  e  l  a  u  t  o
a  o  o  v  e  i  n  t  e  a
n  c  n  n  i  a  p  o  d  o
g  i  b  o  t  ó  b  i  c  r
u  n  e  o  a  r  n  e  a  a
e  e  b  t  t  e  a  m  j  m
r  r  e  a  v  ó  a  t  a  a
a  o  r  a  r  l  n  m  o  r
p  c  e  n  a  b  a  ñ  o  g
c  e  r  c  a  c  a  l  t  o
```

Palabras

abeja	avión	calamar	manguera
alto	barba	cama	mono
amargo	baño	canela	poeta
apodo	beber	cena	veinte
auto	bota	cerca	
avenida	botón	cocinero	
	caja	contrato	

```
h   e   r   i   d   a   n   c   l   a
o   s   j   u   e   v   e   s   c   v
n   t   a   é   f   c   u   n   a   i
g   o   r   l   r   á   a   h   m   ó
o   r   d   u   f   c   c   l   e   n
d   n   i   n   a   o   i   i   l   p
u   u   n   a   r   c   m   t   l   e
n   d   e   b   m   h   i   b   o   s
a   o   r   ñ   a   e   n   e   r   o
o   l   o   r   o   a   t   ú   n   a
```

Palabras

alfombra	calle	ejército	jueves
ancla	camello	enero	luna
arma	cien	estornudo	olor
atún	coche	fácil	peso
avión	cuna	herida	
brocha	dueño	hongo	
	duna	jardinero	

```
c   i   r   c   o   a   m   b   o   s
l   a   g   o   m   l   c   a   r   a
c   á   c   u   c   m   i   n   e   f
e   u   p   h   z   u   c   c   n   r
l   s   ñ   i   o   e   a   a   f   a
e   á   a   a   z   r   t   t   e   s
s   m   p   f   d   z   r   r   r   c
t   g   r   i   s   o   i   o   m   o
e   f   a   l   d   a   z   s   o   l
c   a   t   a   r   a   t   a   s   a
```

Palabras

almuerzo	celeste	espuma	lápiz
ambos	cicatriz	falda	maiz
banca	circo	fila	rosa
cachorro	cola	frasco	
cara	cuatro	gris	
cataratas	cuñado	lago	
	enfermo	lápida	

```
m   a   n   t   a   n   c   h   o   o
á   v   r   d   c   a   n   a   d   t
q   i   e   t   i   q   u   e   t   a
u   ó   s   o   e   e   d   a   c   l
i   n   t   h   g   s   t   u   e   ó
n   c   a   í   o   o   t   a   n   n
a   a   n   g   g   m   c   a   a   a
p   s   t   a   c   a   b   e   z   a
i   p   e   d   o   l   o   r   j   a
o   a   f   o   c   a   m   a   e   a
```

Palabras

acto	cama	dieta	hombre
ancho	cana	dolor	hígado
apio	caspa	duna	manta
artes	ceja	estante	máquina
avión	cena	etiqueta	talón
cabeza	ciego	foca	taza
	dedo	gota	

```
a   c   a   n   d   a   d   o   c   e

l   r   u   e   s   t   a   n   t   e

e   u   t   n   m   a   g   o   b   r

m   c   o   e   c   b   a   j   o   c

á   i   d   r   s   l   u   l   d   o

n   g   c   o   p   i   a   d   a   s

g   r   ú   a   r   c   e   r   o   t

l   a   r   g   o   m   o   s   a   u

a   m   i   g   o   m   i   l   t   r

c   a   m   p   a   n   a   r   a   a
```

Palabras

alemán	boda	costura	grúa
amigo	calor	crucigrama	largo
amor	campana	doce	mago
artes	candado	dormir	siesta
auto	clara	embudo	
bajo	cola	enero	
	copia	estante	

```
g  a  l  l  e  t  a  r  m  a
r  l  p  h  l  a  b  i  o  s
a  f  b  e  b  a  s  t  ó  n
s  o  e  r  l  o  m  a  i  z
a  m  a  m  ú  l  c  a  s  a
f  b  n  a  b  j  i  a  r  a
o  r  u  n  l  u  u  d  s  r
c  a  e  a  i  g  d  l  o  e
a  i  z  s  m  o  o  o  a  n
c  o  r  o  a  b  g  o  t  a
```

Palabras

alfombra	boca	foca	labios
apellido	bolsa	fresa	lima
arena	brújula	galleta	llamar
arma	casa	gota	maiz
barba	cien	grasa	nuez
bastón	coro	hermana	
	embudo	jugo	

```
d   u   e   ñ   o   a   b   r   i   r

i   m   p   u   e   s   t   o   c   o

e   a   a   e   c   s   e   ú   u   d

t   d   g   d   a   a   c   ñ   n   i

a   r   o   a   r   r   r   o   a   l

l   e   t   d   a   u   m   b   b   l

i   m   a   r   c   a   g   a   ó   a

ñ   a   d   b   o   l   s   a   l   n

o   l   o   a   l   t   o   o   d   a

p   o   l   l   o   c   h   o   z   a
```

Palabras

abrir	bolsa	edad	malo
agotado	caracol	escoba	marca
aliño	carbón	hola	pollo
alto	choza	impuesto	rodilla
arma	cuna	lana	señal
atún	dieta	madre	
	dueño	madrugada	

```
j   m   a   r   c   o   i   r   i   s
c   u   a   t   r   o   c   g   t   c
a   i   l   n   ú   i   a   o   a   u
r   l   r   i   z   n   f   t   l   e
b   e   a   u   o   a   é   a   i   l
ó   c   b   r   j   a   n   u   a   l
n   h   a   r   m   a   v   a   n   o
c   e   r   c   a   n   e   o   b
f   a   c   t   u   r   a   o   n   o
a   h   o   r   r   a   r   a   ñ   a
```

Palabras

ahorrar	atún	cuatro	lobo
alarma	avena	cuello	manzana
anual	barco	factura	rifa
araña	café	gota	
arcoiris	carbón	italiano	
arma	cerca	julio	
	cirujano	leche	

```
c  a  m  e  l  l  o  e  l  o
a  o  d  a  m  b  o  s  i  c
b  f  r  e  n  t  e  p  m  é
e  o  ó  o  r  g  a  a  o  a
l  c  l  s  n  e  a  d  n  n
l  a  t  a  f  a  c  a  a  o
o  h  h  i  l  o  u  h  d  l
c  o  l  a  d  o  r  t  a  a
a  l  g  o  d  ó  n  o  o  g
m  a  n  d  i  l  i  t  r  o
```

Palabras

algodón	camello	fósforo	mandil
ambos	colador	hilo	manga
apio	corona	hola	océano
auto	derecha	lago	
bola	espada	lata	
cabello	foca	limonada	
	frente	litro	

```
c   i   r   u   j   a   n   o   a   h
o   i   f   r   c   o   d   o   g   í
p   j   u   b   i   l   a   d   o   g
o   e   e   d   t   f   r   e   s   a
d   v   n   s   a   a   a   a   t   d
i   i   t   e   c   d   l   o   o   o
s   u   e   o   r   o   b   a   ñ   o
c   d   f   n   c   o   b   o   c   a
o   a   e   s   t   ó   m   a   g   o
b   i   e   n   v   e   n   i   d   a
```

Palabras	cita	enero	jubilado
agosto	ciudad	escoba	rifa
baño	codo	estómago	viuda
bienvenida	cola	foca	
boca	copo	fresa	
bota	diente	fuente	
cirujano	disco	hígado	

```
j   a   h   u   e   v   o   a   a   a

d   u   r   o   s   a   l   c   l   h

e   e   b   c   m   o   n   o   m   e

s   s   s   i   h   b   c   c   o   r

i   q   l   n   l   i   r   h   h   m

e   u   e   c   u   a   v   e   a   o

r   i   n   o   l   d   d   o   d   s

t   n   g   j   u   g   o   o   a   o

o   a   u   e   n   o   j   a   d   o

f   r   a   z   a   d   a   t   ú   n
```

Palabras

almohada	cola	hermoso	lima
ancho	desierto	hola	luna
archivo	desnudo	hombre	rosa
atún	duro	huevo	
cinco	enojado	jubilado	
coche	esquina	jugo	
	frazada	lengua	

```
c  i  e  n  t  r  a  d  a  n  c  h  o
o  a  v  e  n  t  u  r  a  m  b  b  d
n  p  m  d  r  o  g  a  o  d  o  a  i
e  é  e  p  i  b  f  d  m  i  d  r  e
j  n  b  r  a  n  u  u  a  e  a  a  n
o  d  o  f  l  n  e  r  m  z  n  t  t
f  i  l  a  r  a  a  r  b  a  u  o  e
h  c  e  o  s  a  e  a  o  u  r  l  s
i  e  t  l  t  f  z  j  s  e  j  b  p
l  s  o  a  n  o  a  a  b  o  c  a  o
e  b  l  e  h  b  f  e  d  o  m  ñ  s
r  h  a  c  h  a  b  a  t  a  t  o  a
a  d  e  l  g  a  d  o  c  o  l  a  s
```

Palabras

amor	boca	conejo	frazada
ancho	boda	delgado	fumar
apéndice	boleto	diente	gafas
aventura	bolsa	diez	hacha
azul	bota	dinero	hilera
bajo	burbuja	droga	lata
barato	cama	enfermedad	menos
bata	campana	entrada	perla
baño	choza	esposas	
beber	cien	estornudo	
	cola	fila	

c	a	l	a	m	a	r	o	c	a	t	ú	n
a	e	p	i	s	o	d	i	o	a	z	u	l
c	q	j	c	á	p	s	u	l	a	n	c	r
h	u	m	a	n	t	a	a	b	ó	a	a	a
o	i	e	r	b	a	j	o	e	i	r	s	e
r	p	n	r	f	u	l	p	s	r	a	t	a
r	o	o	e	b	i	m	e	o	r	n	i	n
o	c	r	r	ñ	a	l	h	g	a	c	l	u
g	a	u	a	c	g	a	a	m	a	o	l	a
o	b	b	p	i	l	l	a	m	a	r	o	l
t	l	o	i	r	o	i	r	d	r	o	g	a
a	e	t	o	c	d	a	e	n	a	n	o	n
e	d	a	d	o	f	c	u	c	h	a	r	a

Palabras

ahorrar	cable	cuchara	grasa
albañil	cachorro	cápsula	iglesia
anual	calamar	diamante	lana
apio	campeón	droga	llamar
atún	cana	edad	manta
azul	carrera	enano	menor
bajo	castillo	episodio	roca
beso	ceja	equipo	
bota	circo	farmacia	
burbuja	cola	fila	
	corona	gota	

c	o	m	e	r	e	p	i	s	a	m	o	r
e	a	a	s	i	e	n	t	o	o	a	o	n
n	n	t	g	r	a	s	a	h	r	d	e	o
t	c	ú	a	o	g	n	c	e	r	r	b	e
a	l	n	t	r	u	n	l	o	t	u	u	s
v	a	l	o	l	a	i	g	h	c	g	r	t
o	a	b	b	e	h	t	c	u	r	a	b	a
s	g	b	r	b	a	t	a	e	e	d	u	m
f	r	d	o	i	o	a	b	s	m	a	j	p
u	a	i	c	d	r	l	l	o	a	r	a	i
m	n	e	h	b	a	v	e	n	a	t	u	l
a	o	z	a	f	o	g	a	t	a	e	t	l
r	a	c	e	r	o	j	u	g	o	s	o	a

Palabras

abrir	atún	centavos	grasa
acero	auto	comer	hilera
agua	avena	crema	hueso
albergue	bata	cubo	jugo
alto	boda	diez	luna
amor	boleto	estampilla	madre
ancho	brocha	fogata	madrugada
ancla	burbuja	fumar	repisa
artes	cable	gato	tren
asiento	cabra	gordo	
	cataratas	grano	

```
d   i   s   c   o   c   h   e   s   p   o   s   o
o   a   a   u   t   o   o   a   e   d   b   a   r
c   v   n   l   j   g   r   l   a   c   o   l   i
u   e   c   é   l   u   l   r   i   a   t   e   g
m   s   h   b   s   a   g   f   f   b   a   g   i
e   t   o   a   c   n   m   o   r   r   r   r   n
n   r   b   n   j   t   g   a   e   a   e   í   a
t   u   c   c   c   e   n   a   n   y   s   a   l
o   z   e   a   u   ó   r   o   t   u   p   c   b
h   g   j   f   m   i   g   i   e   d   a   a   o
i   o   a   i   c   a   s   a   n   a   d   ñ   r
j   t   l   e   m   a   n   g   a   g   a   ó   d
a   a   d   a   c   a   n   a   s   t   a   n   e
```

Palabras

alegría	calle	disco	hola
ancho	cama	documento	jeringa
auto	canasta	espada	jugo
avestruz	casa	esposo	limón
ayuda	cañón	frasco	llama
banca	ceja	frente	mago
basura	cena	fuego	manga
borde	coche	gota	original
botar	colibrí	grado	
cabra	danés	guante	
	decir	hija	

h	o	m	b	r	o	c	h	a	r	e	n	a
a	r	g	e	n	t	i	n	o	t	t	l	p
r	c	u	a	r	e	n	t	a	p	i	o	é
i	a	e	l	d	i	s	c	o	ñ	q	t	n
n	l	a	b	i	o	s	f	a	f	u	o	d
a	o	c	e	o	e	a	b	i	i	e	ñ	i
d	r	i	r	r	l	l	h	o	l	t	o	c
o	e	f	g	u	a	l	c	o	t	a	o	e
m	l	r	u	u	z	s	a	c	r	b	v	r
i	e	e	e	m	a	r	z	o	o	a	d	e
n	ñ	s	ó	c	u	n	a	l	l	b	u	a
g	a	a	a	n	h	g	a	l	l	o	r	l
o	m	o	n	e	d	a	n	c	l	a	o	e

Palabras

ahora	casco	etiqueta	llave
albañil	cebolla	fila	lobo
albergue	cereal	filtro	marzo
ancla	cobre	fresa	mesa
apio	cruz	gallo	moneda
apéndice	cuarenta	harina	otoño
arena	cuna	hombro	rescate
argentino	derecha	iguana	
brocha	disco	labios	
calor	domingo	leña	
	duro	león	

i	t	a	l	i	a	n	o	l	i	m	a	j
n	m	b	a	n	c	a	b	l	e	o	d	u
t	a	p	e	l	l	i	d	o	g	ó	u	g
e	g	b	u	s	i	i	r	i	s	a	n	u
s	o	a	e	e	o	m	m	u	i	q	a	e
t	s	r	s	j	s	a	p	p	j	j	u	t
i	t	r	p	d	a	t	o	i	i	a	e	e
n	o	o	e	i	c	c	o	h	a	o	n	c
o	b	b	s	e	g	a	t	o	m	r	t	o
b	a	j	o	n	c	a	s	c	o	a	r	n
o	r	b	o	t	e	l	l	a	r	u	a	e
c	c	e	r	e	a	l	t	o	d	t	d	j
a	o	m	e	n	t	i	r	o	s	o	a	o

Palabras

abeja	barco	cereal	impuesto
agosto	barro	cirujano	intestino
alto	beso	conejo	italiano
amigo	boca	copia	juguete
amor	bosque	diente	león
apellido	bota	duna	lima
auto	botella	entrada	limpiar
bajo	cable	espeso	limpio
banca	casado	gato	mentiroso
	casco	hija	

```
a   l   m   e   n   d   r   a   s   e   x   t   o
v   j   g   a   s   a   l   e   g   r   í   a   o
i   a   e   a   r   p   d   c   u   e   r   n   o
ó   u   n   d   g   r   a   a   f   l   i   m   a
n   l   t   u   r   f   ó   d   r   m   a   i   z
e   a   e   a   a   e   a   n   a   h   o   l   a
s   q   c   n   d   l   z   c   c   i   n   t   a
p   g   u   a   o   a   b   a   t   ú   n   b   n
a   c   a   i   n   t   r   u   u   u   o   a   c
ñ   a   r   n   p   a   m   o   r   g   r   t   l
o   j   m   u   c   a   s   p   a   r   o   a   a
l   a   a   u   b   h   j   m   a   n   o   t   n
f   á   c   i   l   í   o   e   f   a   l   d   a
```

Palabras	burro	español	lana
aduana	caja	factura	lata
ajedrez	camino	falda	lima
alegría	cana	fractura	mago
almendras	caspa	fácil	maiz
amor	cinta	gancho	mano
ancla	cucaracha	gente	marrón
arma	cuerno	gota	nadar
atún	cuna	grado	rubí
avión	equipaje	hola	sexto
bata	espada	jaula	

h	i	l	o	b	o	r	d	e	s	t	e	j
e	m	b	u	d	o	m	i	n	g	o	c	u
r	a	m	a	r	g	o	a	e	c	t	a	g
i	n	v	l	i	n	g	e	n	i	e	r	o
d	a	s	i	e	n	t	o	e	t	r	b	i
a	n	n	u	s	ñ	v	d	r	a	a	ó	n
b	t	b	u	c	p	a	i	o	c	p	n	q
o	i	a	c	a	j	a	s	e	a	i	g	u
g	a	r	a	r	l	c	c	g	r	a	a	i
a	l	c	r	r	u	a	o	h	r	n	t	l
d	c	o	m	e	r	z	r	p	o	a	o	i
o	g	u	a	r	d	a	r	g	i	z	n	n
b	a	r	b	a	c	a	l	v	o	a	a	o

Palabras

abogado	caja	domingo	invierno
amargo	calvo	embudo	jugo
anual	carbón	enero	largo
arma	carrera	este	leña
asiento	carro	gato	lobo
avispa	choza	grano	manantial
barba	cita	guardar	manta
barco	comer	herida	terapia
borde	copia	hilo	
bueno	cruz	ingeniero	
	disco	inquilino	

```
m   g   b   r   ú   j   u   l   a   c   u   n   a
c   a   s   o   a   l   m   o   h   a   d   a   g
h   t   n   o   t   i   l   g   h   ñ   a   c   e
i   o   i   d   g   e   z   a   u   ó   h   c   n
p   n   j   n   i   a   l   l   m   n   o   i   t
o   a   v   a   a   l   v   l   o   a   r   d   e
r   o   d   i   l   l   a   e   a   b   r   e   s
j   u   g   u   e   t   e   t   s   o   a   n   p
d   r   o   g   a   r   i   a   m   t   r   t   e
c   a   r   t   ó   n   n   e   r   a   r   e   j
e   s   q   u   i   n   a   o   n   t   g   u   o
j   u   e   g   o   g   r   a   n   d   e   i   z
a   l   u   m   i   n   i   o   g   r   a   s   a
```

Palabras

accidente	botella	galleta	llamar
aduana	brújula	gato	magia
agente	cartón	grande	mandil
ahorrar	caso	grasa	raiz
almohada	cañón	hipo	rodilla
aluminio	ceja	hoja	soga
artes	cuna	humo	tienda
avestruz	droga	invierno	tina
bota	espejo	juego	
	esquina	juguete	

```
f  l  a  n  a  b  r  e  l  a  t  a  s
r  á  l  c  e  r  r  o  t  v  r  l  e
e  p  c  n  e  e  g  a  i  e  g  c  g
n  i  a  i  a  i  b  r  t  n  u  a  u
t  d  c  e  l  n  t  e  a  i  i  n  r
e  a  h  t  t  a  l  e  l  d  s  c  o
l  n  o  o  o  a  c  l  i  a  o  í  h
i  l  f  y  m  r  p  u  a  f  g  a  e
t  a  a  e  i  l  c  i  n  b  r  z  r
r  m  v  m  r  i  o  r  o  a  i  í  m
o  b  r  i  a  m  p  a  c  a  s  o  o
c  o  s  a  ó  ó  o  n  m  a  p  a  s
d  s  g  r  a  n  o  í  c  i  e  g  o
```

Palabras

abrelatas	cara	grado	llama
aceite	cerro	grano	lápida
alcachofa	ciego	gris	maiz
alcancía	copo	guiso	maletera
alto	cosa	hermoso	mapa
ambos	cuna	iraní	mayo
apio	dormir	italiano	nieto
avenida	enfermo	labios	reina
avión	frente	lana	seguro
bata	frío	limón	
	fácil	litro	

Letter Drop

A more challenging puzzle, yet, a great source for new vocabulary.

*Each puzzle consists of two tables. One is filled with with letters, one is empty. Drop the letters from the top grid on the proper squares in the **corresponding column** in the bottom table so as to form a complete quote in the bottom table.*

The paragraph results in an interesting quote.

Notes:

- *Capital letters always start the quote and also, follow a period "."*
- *If you see a comma "," it is separating two words*
- *Black spaces also separate words*
- *To help you solve the puzzle, letters on the top table that are crossed out have been already placed in the correct square/column on the bottom table.*

Write the words you did not know in the spaces provided at the end of the workbook.

¡Buena suerte...!

Quote #1:

```
f a a l u e   e e   s d o n t   s s e a l a
u   n d o n , l l   a b i o o   e ñ
C j a   n a   e l   t e d o .
```

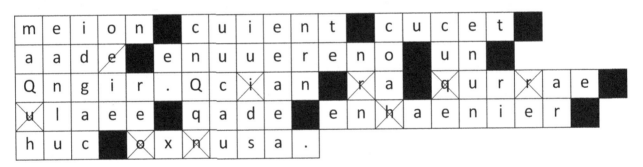

Quote #2:

```
m e i o n   c u i e n t   c u c e t
a a d e   e n u u e r e n o   u n
Q n g i r . Q c i a n   r a   q u r r a e
u l a e e   q a d e   e n h a e n i e r
h u c   x n u s a .
```

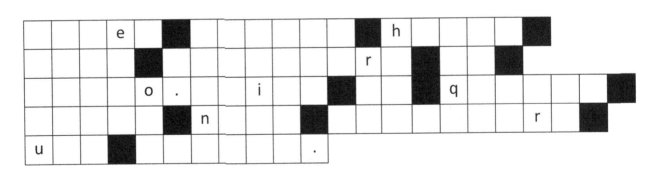

Quote #3:

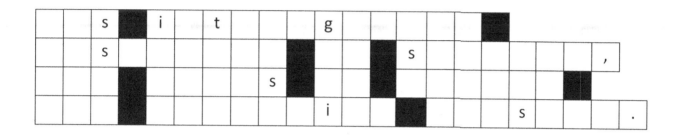

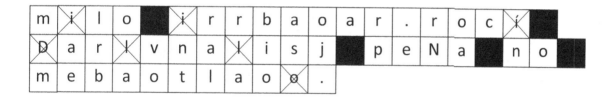

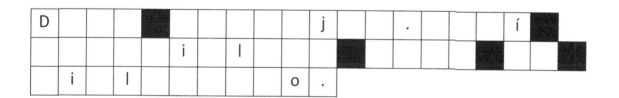

Quote #4:

Quote #5:

Row 1: t | r | a | m | a | l | o | r | ■ | s | o | ■ | e | n | ■ | r | a | l | u | .
Row 2: T | o | ■ | b | a | j | a | ■ | e | n | ■ | t | e | s | e | m | ■ | q | o | e | ■
Row 3: L | r | a | b | a | j | a | r | .

Row 1: | | | | j | | | ■ | | ■ | | ■ | | | .
Row 2: | ■ | | | ■ | | | | | | ■ | q | | ■
Row 3: t | r | | | | | .

Quote #6:

Row 1: m | a | s | n | d | e | ■ | u | p | ■ | r | u | t | r | e | d | , | u | o | ■
Row 2: e | u | e | e | s | ■ | q | t | e | ■ | e | c | e | á | s | ■ | o | n | e | r | o | o | .
Row 3: E | i | ■ | d | u | o | o | ■ | e | p | m | d | ■ | a | o | s | o | s | . | L | t | ■
Row 4: s | s | b | m | o | ■ | p | t | s | a | ■ | s | u | t | n | d | m | ■
Row 5: C | r | a | s | ■ | o | s | a | ú | a | i | a | o | .

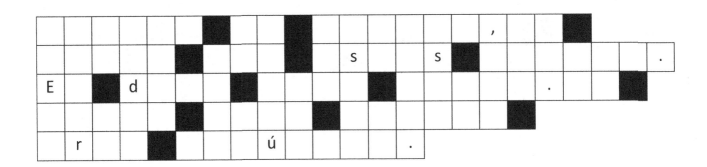

Row 1: | | | | | ■ | | | ■ | | | | | , | | ■
Row 2: | | | ■ | | | ■ | | | s | | s | ■ | | | .
Row 3: E | ■ | d | | | ■ | | | ■ | | | | . | ■
Row 4: | | | | ■ | | | ■ | | | | ■
Row 5: | r | | ■ | | ú | | | . |

Una Nota del Autor / A Note from the Author:

Para cuando estés leyendo esta nota, habrás tenido la oportunidad de aumentar tu vocabulario español haciendo los juegos de palabras.

Te agradezco *el esfuerzo y espero que, no solo hayas disfrutado del contenido pero también que lo hayas encontrado beneficioso.*

Es muy importante para mí saber tu opinión. *Si en caso quisieras comentar acerca del contenido de este cuaderno o necesitaras alguna explicación adicional, por favor, no vaciles en comunicarte conmigo.*

Recuerda que, si has comprado este libro en Amazon, una evaluación y un comentario serían invalorables para mí. Gracias!

- - - - o - - - -

By the time you read this note, you will have had the opportunity to increase your Spanish vocabulary by doing the puzzles in this workbook.

I thank you *for the effort and hope you not only enjoyed the content but also found it beneficial.*

It is very important to me to receive your feedback. *If you would like to comment on the content of this book or need any additional explanation, please do not hesitate to contact me.*

Remember that, if you purchased this book in Amazon, a rating and a comment would be extremely valuable to me. Thank you!

C. E. Torreblanca
cesar@torreblanca.ca
www.torreblanca.ca

Mis Nuevas Palabras / My New Words:

This table is for you to write down words you learned after solving the crossword puzzles.
Esta tabla es para que escribas las palabras que aprendiste resolviendo los crucigramas.

Español	Inglés	M/F
[El] crucigrama	[The] crossword	M
[La] canción	[The] song	F

Español	Inglés	M/F

Español	Inglés	M/F

Español	Inglés	M/F

Crossword #1

Crossword #2

Crossword #3

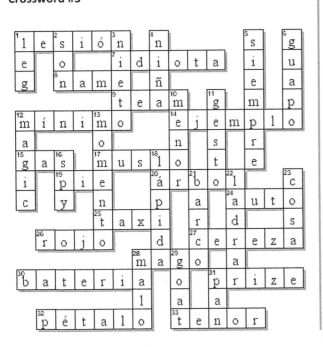

Crossword #4

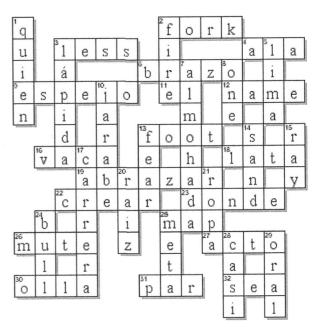

Crossword #5

Crossword #6

Crossword #7

Crossword #7 grid

Crossword #8

Crossword #9

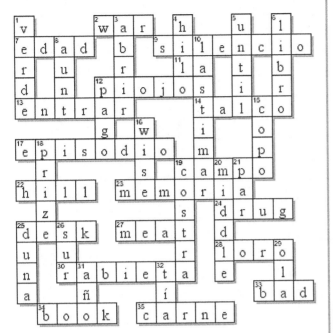

Crossword #10

Crossword #11

Crossword #12

Crossword #13

Crossword #14

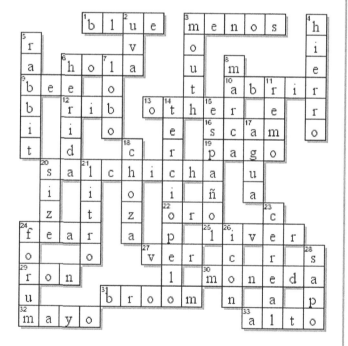

Crossword #15

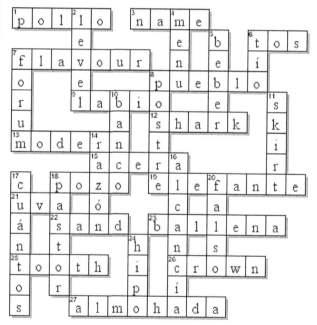

Crossword #16

Crossword #17

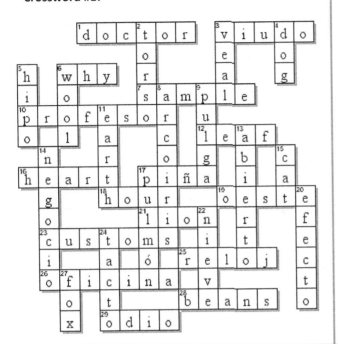

Crossword #18

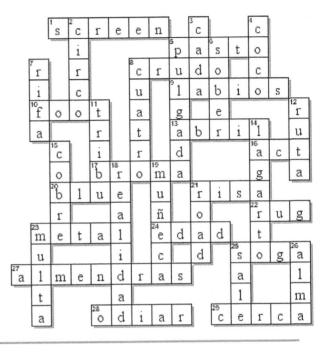

Crossword #19

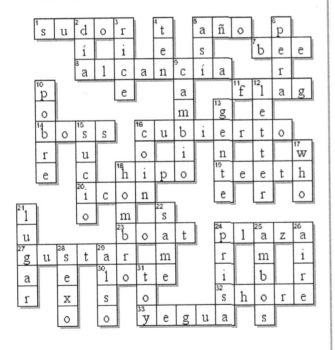

Crossword #20

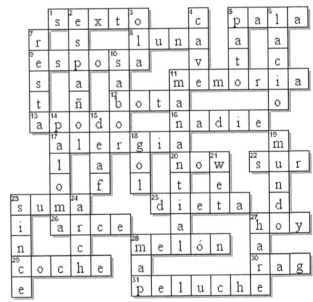

Crossword #21

Crossword #22

Crossword #23

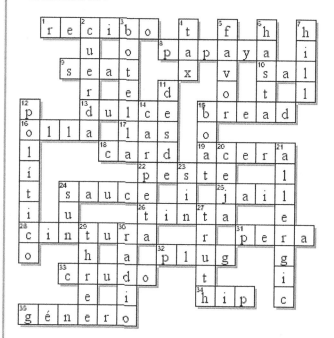

Crossword #24

Crossword #25

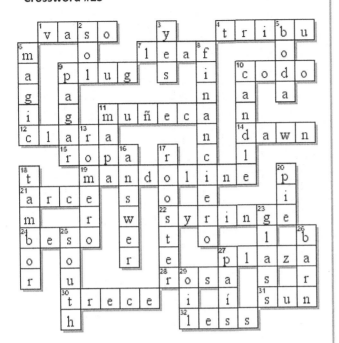

Crossword #26

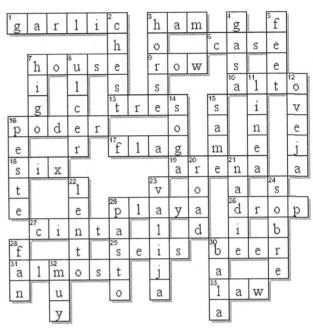

Crossword #27

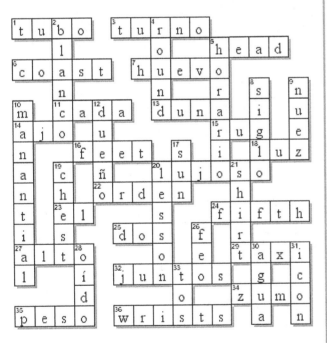

Crossword #28

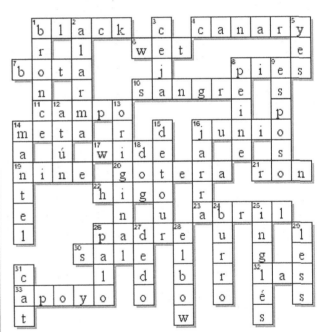

Crossword #29

Crossword #30

Crossword #31

Crossword #32

Crossword #33

Crossword #34

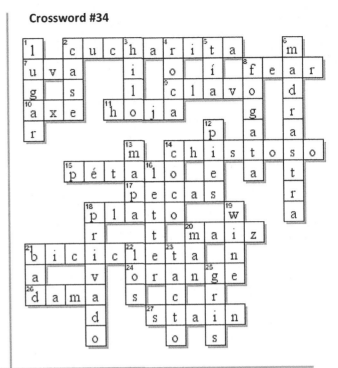

Crossword #35

Crossword #36

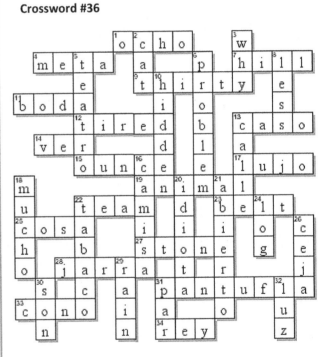

Crossword #37

Crossword #38

Crossword #39

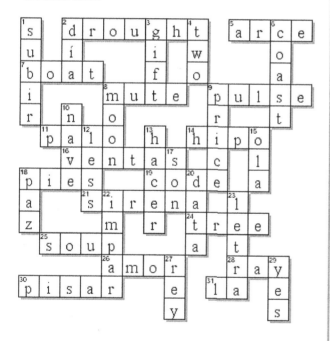

Crossword #40

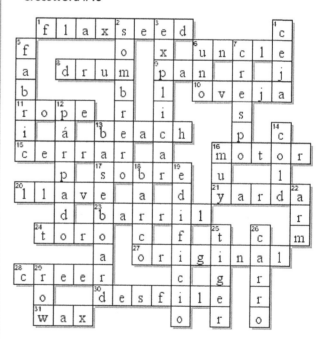

Crossword #41

Crossword #42

Crossword #43

Crossword #44

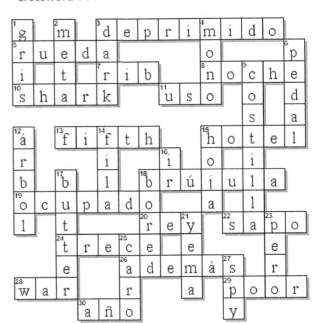

Crossword #45

Jumbled Words (page 51)

Puzzle #1 Animals		
	caballo	zebra
	pollo	águila
	ballena	leopardo
	vaca	pato
	zorro	elefante
	tigre	camello
	tiburón	*burro*

Puzzle #2 Colours		
	amarillo	azul
	rojo	morado
	naranja	blanco
	verde	negro
	violeta	marron
	gris	rosa
	turquesa	celeste

Puzzle #3 Household Items		
	aspiradora	refrigerador
	televisor	lámpara
	tostadora	estufa
	muebles	alfombra
	lavadora	secadora
	cuadlirao	lavaplatos
	ventilador	teléfono

Puzzle #4 Body Parts		
	cabello	pies
	estómago	corazón
	manos	pecho
	nariz	brazos
	hígado	espalda
	piernas	intestinos
	cabeza	monesplu

Puzzle #5 Fruits & Vegetables		
	toronja	apio
	espinaca	frijoles
	tomate	ajo
	uvas	maiz
	manzana	zanahoria
	alcachofa	naranja
	cebolla	calabaza

Puzzle #6 Family Members		
	hermano	abuelo
	yerno	suegra
	madre	tía
	suegro	cuñada
	sobrino	nuera
	primo	padre
	abuela	sobrina

Puzzle #7 Professions	ingeniero	electricista
	economista	panadero
	cocinero	maestra
	cartero	policía
	abogado	carpintero
	enfermera	vendedor
	plomero	contadora

Puzzle #8 The Arts	pintura	orquesta
	compositor	mármol
	escultura	película
	lienzo	caballete
	actriz	dibujo
	estatua	cantante
	museo	brocha

Puzzle #9 Health Related	dolor	pálido
	bacteria	alergia
	enfermedad	fractura
	vitaminas	fiebre
	ambulancia	hospital
	salud	sangre
	vacuna	paciente

Puzzle #10 In the Supermarket	tomates	carne
	jabón	limones
	mayonesa	manzanas
	bebidas	helados
	mandarinas	lechuga
	arroz	servilletas
	leche	pescado

Puzzle #11 In the Resort	velero	palmeras
	habitaciones	olas
	playa	guía
	bebidas	recepción
	océano	turistas
	arena	comida
	restaurante	piscina

Puzzle #12 Department Store	zapatería	comida
	pasatiempos	decoración
	muebles	devoluciones
	mercancía	ropa
	manualidades	farmacia
	herramientas	estacionamiento
	regalos	juguetes

Puzzle #13 At the Restaurant	cucharas	vasos
	sillas	tenedores
	copas	servilletas
	baños	mesas
	tazas	cocina
	meseros	platos
	cuchillos	botellas

Puzzle #14 All Liquids	sangre	vinagre
	gasolina	pintura
	vino	bebidas
	leche	agua
	alcohol	refresco
	jugo	aceite
	cerveza	detergente

Puzzle #15 All Solids	ladrillo	cobre
	acero	piedra
	vidrio	caoba
	cemento	roca
	hierro	plástico
	oro	madera
	metales	cedro

Find-A-Word (pg. 67)

Find-A-Word #1

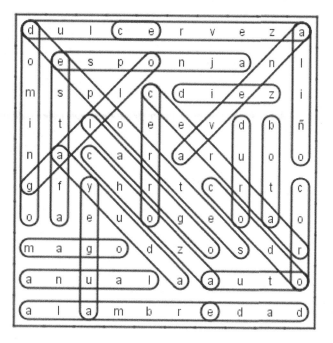

Find-A-Word #2

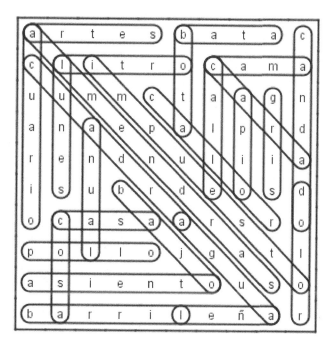

Find-A-Word #3

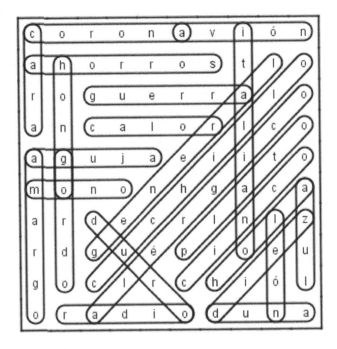

Find-A-Word #4

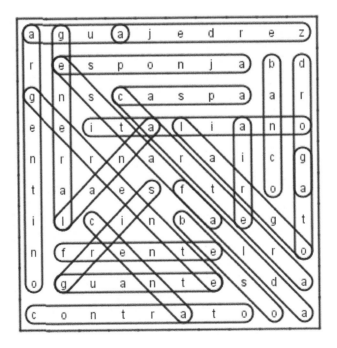

Find-A-Word #5

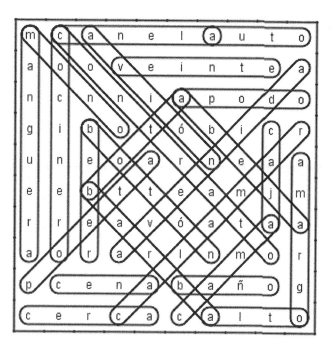

Find-A-Word #6

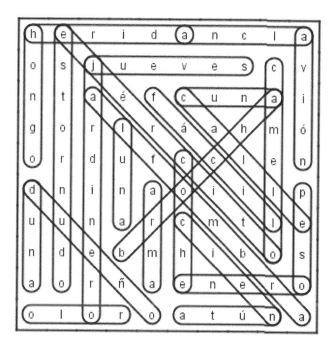

Find-A-Word #7

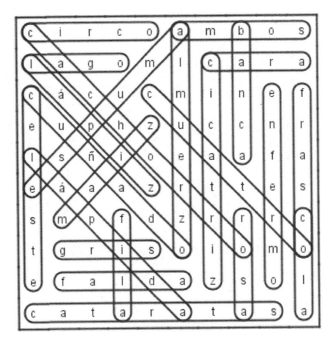

Find-A-Word #8

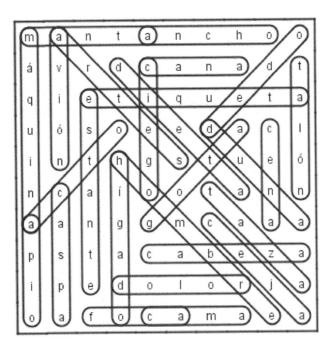

Find-A-Word #9

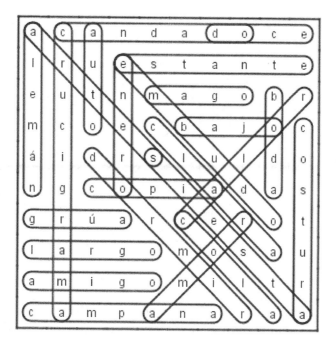

Find-A-Word #10

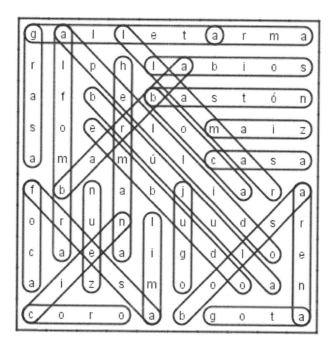

Find-A-Word #11

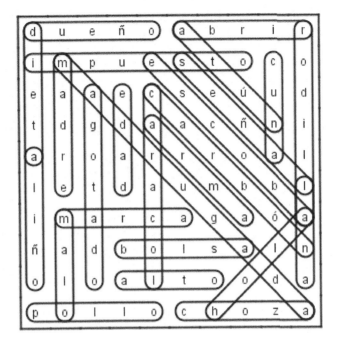

Find-A-Word #12

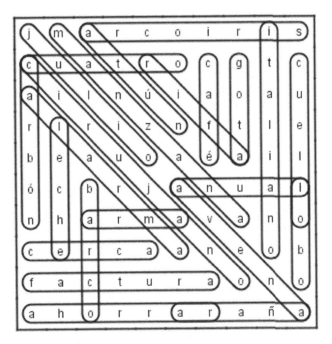

Find-A-Word #13

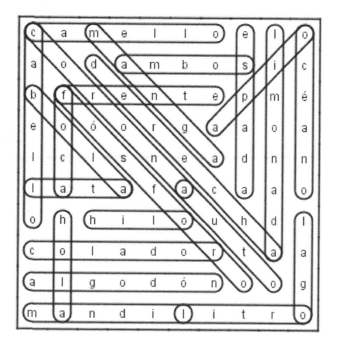

Find-A-Word #14

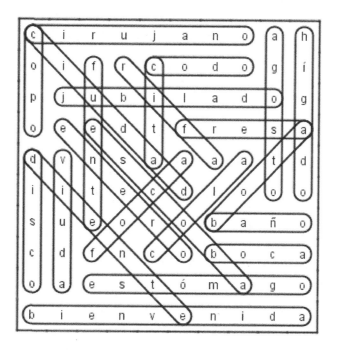

Find-A-Word #15

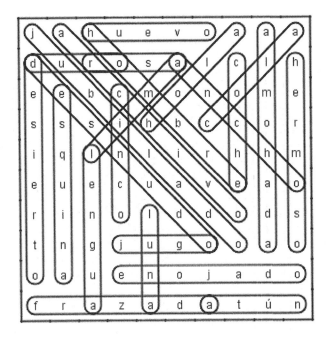

Find-A-Word #16-Large

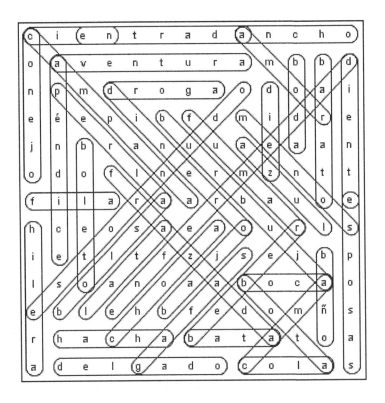

Find-A-Word #17-Large

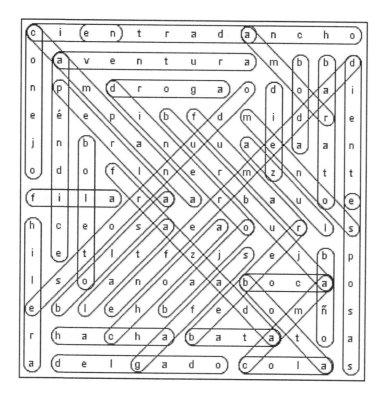

Find-A-Word #18-Large

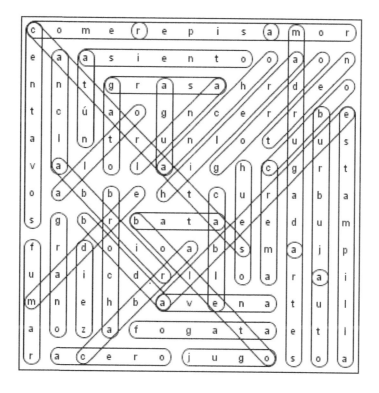

Find-A-Word #19-Large

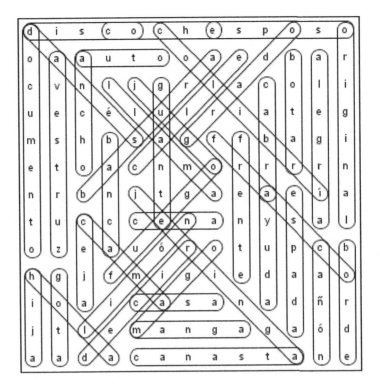

Find-A-Word #20-Large

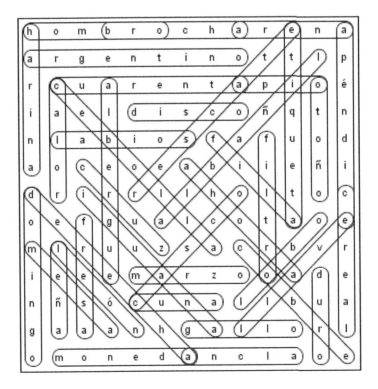

Find-A-Word #21-Large

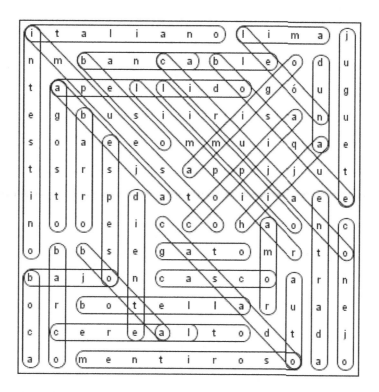

Find-A-Word #22-Large

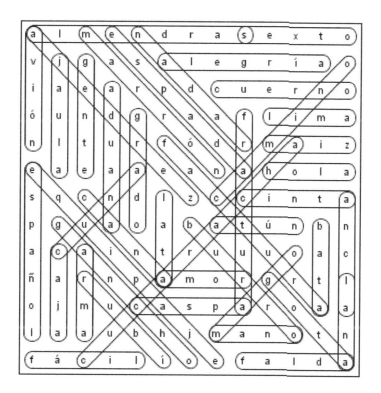

Find-A-Word #23-Large

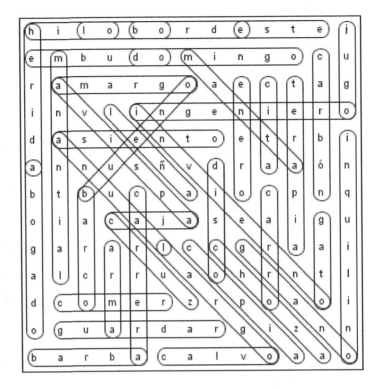

Find-A-Word #24-Large

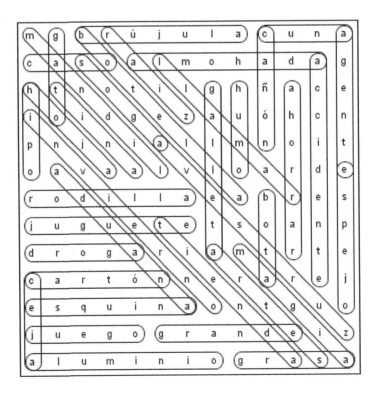

Find-A-Word #25-Large

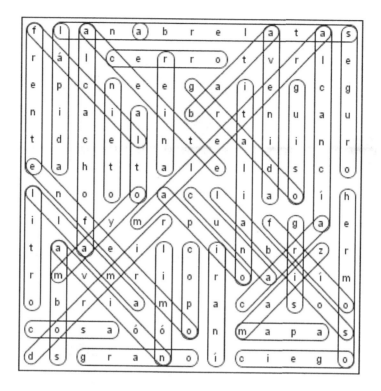

Letter Drop   (pg. 93)

Quote #1:
Cuando el sabio señala la luna, el tonto se fija en el dedo.

C	u	a	n	d	o	■	e	l	■	s	a	b	i	o	■	s	e	ñ	a	l	a	■
l	a	■	l	u	n	a	,	e	l	■	t	o	n	t	o	■	s	e	■			
f	i	j	a	■	e	n	■	e	l	■	d	e	d	o	.							

Quote #2:
Quien quiere hacer algo encuentra un medio. Quien no quiere hacer nada encuentra una excusa.

Q	u	i	e	n	■	q	u	i	e	r	e	■	h	a	c	e	r	■
a	l	g	o	■	■	e	n	c	u	e	n	t	r	a	■	u	n	■
m	e	d	i	o	.	Q	u	i	e	n	■	n	o	■	q	u	i	e	r	e	■
h	a	c	e	r	■	n	a	d	a	■	e	n	c	u	e	n	t	r	a	■
u	n	a	■	e	x	c	u	s	a	.								

Quote #3:
Los inteligentes disfrutan su soledad, los demás la llenan con cualquier persona.

L	o	s	■	i	n	t	e	l	i	g	e	n	t	e	s	■
d	i	s	f	r	u	t	a	n	■	s	u	■	s	o	l	e	d	a	d	,
l	o	s	■	d	e	m	á	s	■	l	a	■	l	l	e	n	a	n	■
c	o	n	■	c	u	a	l	q	u	i	e	r	■	p	e	r	s	o	n	a	.

Quote #4:

Debo trabajar. Nací maravilloso pero no millonario.

D	e	b	o	■	t	r	a	b	a	j	a	r	.	N	a	c	í	■	

m	a	r	a	v	i	l	l	o	s	o	■	p	e	r	o	■	n	o	■

m	i	l	l	o	n	a	r	i	o	.

Quote #5:

Trabajar no es malo. Lo malo es tener que trabajar.

T	r	a	b	a	j	a	r	■	n	o	■	e	s	■	m	a	l	o	.

L	o	■	m	a	l	o	■	e	s	■	t	e	n	e	r	■	q	u	e	■

t	r	a	b	a	j	a	r	.

Quote #6:

Cuando te mueres, no sabes que estás muerto. Es duro para todos. Lo mismo pasa cuando eres estúpido.

C	u	a	n	d	o	■	t	e	■	m	u	e	r	e	s	,	n	o	■

s	a	b	e	s	■	q	u	e	■	e	s	t	á	s	■	m	u	e	r	t	o	.

E	s	■	d	u	r	o	■	p	a	r	a	■	t	o	d	o	s	.	L	o	■

m	i	s	m	o	■	p	a	s	a	■	c	u	a	n	d	o	■

e	r	e	s	■	e	s	t	ú	p	i	d	o	.

Made in the USA
Columbia, SC
22 November 2024

47239011R00072